商人の世界史

小さなビジネス革命が世界を変えた

玉木俊明
Tamaki Toshiaki

JN018603

河出新書
065

目次

はじめに――ヒトとヒトをつなぐもの

何か欲しいモノがあるとする。現代はモノを手に入れる手段がいろいろあるが、はるか以前には、知人がそれをもっていたなら譲ってもらうか、知人でないなら物々交換するか、お金を出して買っていた。

では、自分が欲しいモノをもっている商人が、自分では行けないような距離の場所にいるときにはどうするのだろうか――中間商人を使う。それが答えだ。

そもそも中間商人とは、元来は商人と商人をつなぐヒトのことであり、彼らは、それにより収入をえる。私の専門とする経済史では、商品の生産が研究の中心であり、彼らのようないわば「媒介となるヒト」への関心は比較的薄かった。また、これまで歴史家も、そもそも人々がどのようにして商品を購入するのかということは、あまり考えてこなかった。それが、中間商人への関心が少なかった理由であろう。だが、それでは、経済の実態はつかめない。彼らは、仲買人やブローカーなどともいわれる。要するに、「つなぐヒト」なのである。

人間の欲望は果てしない。これを購入したら満足だと思っていても、今度は新しい商品が欲しくなってくる。だんだんと遠いところにある商品も欲しくなるはずだ。そんなとき、ヒトは中間商人に頼る。

中間商人は、文明の発生と共に誕生した人たちである。そして文化と文化、文明と文明をつないだ人々なのである。文明の定義にもよるが、メソポタミア、エジプト、インダス、黄河、長江、メソアメリカ（北米大陸のマヤ文明、アステカ文明に代表される、スペインによる征服以前のメキシコ高原・ユカタン半島などにみられる文明）の各文明は徐々に統一されていき、やがて世界が一つの経済圏になった。中間商人こそ、それを実現させた人たちなのである。

それだけではない。中間商人が築いたネットワークを使い、宗教家が宗教を伝え、文学者が文学を学び、国家が武器を輸入した。中間商人は、歴史上きわめて大きな役割を果たした人たちであった。

彼らが取引した地域、一人一人の交易圏は、もしかしたら小さかったかもしれない。中間商人は、自分は大したことをしているとは考えなかったであろう。だが、それが数珠つなぎのようになり、大きな交易圏、広大なネットワークが形成されたのだ。

それは、現代のビジネスにも似ている。一人一人のビジネスパーソンは、自分が扱っている商品が、世界のサプライチェーンの一部を形成しているとは知らないかもしれない。だが、そのビジネスパーソンがいなかったとしたら、もしかしたらサプライチェーンが少なくとも一時的には機能しないかもしれないのだ。昔の中間商人も現在のビジネスパーソンも、サプライチェーンの一部を形成したと考えられよう。

世界各地の気候は大きく異なる。熱帯、乾燥帯、温帯、冷帯、寒帯に分かれ、それぞれに、栽培される植物、捕獲される動物、海や河川で捕られる魚類は異なる。人類は、それらを商品化し、中間商人の手をへることで消費水準を上昇させていった。もし世界の気候が単一であったとすれば、植生も同じであり、おそらく動物も似たようなものだったので、人々は多様な商品を入手することはできなかったはずである。多様な植生がある世界を一体化させ、ヒトとヒトを、さらには地域と地域をつないだのは、中間商人であった。

中間商人の重要性を示すために、また別の事例をあげておこう。

一般の歴史書では、旧石器時代→新石器時代→青銅器時代→鉄器時代へと段階的に移行するとされる。青銅器よりも鉄器の方が硬く、用途は広い。一方、青銅器とは銅と錫《すず》の合金であり、銅山と錫山はかなり離れていることが多い。ここからわかるように、銅山と錫山がつながった青銅器時代とは、明確に商業が拡大した時代の一つであり、その中核を形成したのが、中間商人なのである。

このような長距離交易を遂行するにあたり、ある地域の商人が、別の地域にまで行って直接買付をした。そんなイメージをおもちの読者はいらっしゃらないだろうか。たしかに、そういうこともあったと思われる。

しかし、少なくともすでに交易路が確立していたなら、リスクを冒してまで遠い地域には行かず、中間商人に商業を任せ、彼らにそのための手数料を支払ったと考えるのが妥当であろう。中間商人の活動が拡大することが、世界商業の拡大を意味したのだ。

では彼らは、具体的にどういう活動をしていたのか。どのようにしてさまざまな地域を結びつけたのだろうか。

非常に長期間にわたり、ヒトとヒトとをつなぐ媒介となったのは、これも「ヒト」である中間商人であった。しかし、電信の導入以降、「ヒト」だけではなく機械、さらにはSNSがヒトとヒトをつなぐ媒体となった。そのため、世界はとてつもなく速いスピードで強く結びつけられるようになった。

現代人は、インターネットなどによって、知らぬ間に、見知らぬヒトと結びつけられてしまっている。そして、世界は急速に狭くなった。

読者には、「ヒト」と「ヒト」をつなぐ具体的変化を、非常に長期間にわたって見ていただきたいと思っている。

ヒトとヒトはどのようにしてつながれるのだろうか？

ヒトとヒトをつなぐことで、いったい何がどう変わるのだろうか？

第一章

メソポタミアの商人

世界で最初の商人

メソポタミアこそ、世界最初の商人が生まれた地域であった。メソポタミア文明は、インダス文明と強い関係があり、メソポタミア文明があったからこそ、インダス文明は誕生した。メソポタミアにおける国王の力は非常に強く、国王が、商業活動を強化したとさえいえるのである。

メソポタミア文明は、おおかた現在のイラクに位置する。天然資源が不足している地域であり、木材、銅、石材、金銀などは他地域から輸入する必要があった。強力なメソポタミア文明が自給自足できないことがかえって、中間商人が活躍する広域な商業圏が成立するきっかけをつくったのである。

農耕の開始――世界の諸文明とメソポタミア文明

かつては、世界にはメソポタミア、エジプト、インダス、黄河の四大文明があったとされていたが、現在ではそれに長江（揚子江）とメソアメリカの二つを加えて、「六大文明」というのがより一般的であるように思われる。アメリカにも文明があり、黄河だけではなく長江にも文明があったというわけだ。

これらのなかで、最古の文明はメソポタミア文明である。メソポタミアで、世界で初めて農耕・牧畜生活が営まれたのは、おそらく前八〇〇〇年頃のことであった。約一万年前に最後の氷河期が終わり、農耕に適した気候になり、人々にそれができるだけの知恵が身についたからであろう。

メソポタミアとは、ギリシア語で「川のあいだ」を意味する。読者もご存じのように、それはティグリス川とユーフラテス川のあいだの地域のことである。春になると雪解け水で両河は頻繁に洪水になり、農業に適した沖積土がもたらされた。そのため、農業が発展した地域になった。また、メソポタミアからパレスチナにおよぶ地域は、「肥沃な三日月地帯」とも呼ばれるが、それは、穀物の生産性が非常に高かったためであった。

メソポタミア文明を築いたシュメール人は、土で家を建築し、土器をつくり、粘土板に文字を記した。それが有名な、楔形《くさびがた》文字である。楔形文字を刻んだ粘土板が多数残されており、その解読をすることで、当時の社会がわかる。具体的には税やそれに関連することを書いているものが多く、そのためメソポタミア文明の経済の実態が理解できるのである。

シュメール人の文化と農業

シュメール人の起源はよくわかっていないが、都市を建設し、楔形文字をつくり、世界最古の神話とされる「ギルガメシュ叙事詩」を著したばかりか、シュメール法典を残すなど、世界史に残した影響は非常に大きい。

楔形文字ははるか後代のアケメネス朝ペルシアにおいても使用されており、さらにシュメール法典の内容は、やがてハンムラビ法典に継承されるようになった。それらは、メソポタミア文明の最初の段階であるシュメール文化と総称される。楔形文字はその後も、オリエント世界の諸民族の言語を書き表す共通の文字とされ、アケメネス朝ペルシアの時代まで続いた。

ティグリス川もユーフラテス川も、栄養分が多く含まれていたので、肥料はいらなかった。穀物の収穫高がかなり多かった理由の一つは、そこにあった。さらにシュメール人は、淡水や海の魚を大量に摂取することができ、それらをタンパク質源にした。人類には動物性タンパク質が必要なことはいうまでもないが、シュメール人は、それを魚からもえていた。これは、シュメール社会における漁業の重要性を示している。

メソポタミアの農作物は、大麦・小麦が主であった。大麦は主食となるだけではなく、ビールの原料でもあった。またナツメヤシ、タマネギなども栽培された。さらに、羊やヤギ、牛やブタなどが家畜として飼育された。メソポタミアに住む人々の生活水準は、おそらくそれらのために向上していった。

英語でdomesticationという言葉があり、これには、「栽培化」と「家畜化」の二つの意味がある。「栽培化」とは、野生種を人工的に栽培することであり、「家畜化」とは野生動物を家畜とすることを意味する。人類は、定住し農業を営み、それとともに、乳を飲み、肉を食し、耕作するために動物を家畜化した。人類はそうすることで、知らず知らずのうちに、生態系を大きく変えることになった。その最初が、メソポタミア文明だったと考えられるのである。

灌漑の発展でまとまった農民たち

南メソポタミアでは、降水量が少ないために天水農法は不可能であり、そのため灌漑が発展した。メソポタミア中部にあたる地域で、前七〇〇〇年紀末から前六〇〇〇年紀前半の灌漑設備が発見されており、これがおそらく世界最初の灌漑の事例の一つであろう。メソポタミア南部で灌漑が開始されたのは、前六〇〇〇年紀後半のことであり、大麦が、そのときに栽培された主要作物であった。

大麦（ないし小麦）の耕作のために、耕地は耕区に分かれた。そして、耕区ごとに灌漑や耕作、種まきがなされた。耕地は、耕作→休作→耕作→休作のサイクルが二年間で一巡するという隔年耕作制度が採用され、これにより地味の枯渇や塩害を防いだ。休耕中の耕地は、家畜の放牧にも利用された。麦の生産性は驚くほどに高く、一粒の麦をまいて、その数十倍の穀粒が実ったとされる。中世のヨーロッパの場合、それはせいぜい数倍程度だったので、メソポタミアの灌漑システムがいかにすぐれ、さらにはどれほど農業生産性が高かったかがよくわかるであろう。

このような高い生産性を維持するためには、絶え間ない灌漑が必要とされたが、それは、巨大な権力をもつ人たちが出現することで可能になった。あるいは、巨大な権力をもつ国王がいたからこそ、灌漑が発展したのかもしれない。

灌漑システムにより、シュメールの農民に十分な量の水が供給され、さらに多くの作物を生産するために、村々の境界を越えて灌漑設備を維持する必要性が生じることになった。灌漑設備は、川から耕地に水を運ぶために、多くの村を通過する。灌漑設備を維持するためには、多くの村の協力が必要になり、水路はシルト（非常に細かい泥）のために詰まってしまうので、定期的に掃除もしなければならない。運河が一つでも詰まれば、灌漑システム全体が機能しなくなってしまうからだ。また貯水池から別の貯水池に水をすくい上げ、水位が一定であることを確認しなければならなかった。

そのために農民たちは、もはや小さな集団で生活することはできなくなった。運河によって、緊密につながれることになった農民たちは、複雑な灌漑システムを構築し、維持するために互いに協力するようになった。

共同作業は、より大きな共同体の形成につながった。前三五〇〇年から前三〇〇〇年にかけて、灌漑システムを発展させたメソポタミアでは、余剰農作物が出てきた。そのため、すべての人々が農業に従事する必要はなくなり、農民ではない人々が生まれ、村はより大きな共同体に成長し、いくつかの村は、数千人の人口を抱える都市になった。ここにシュメールの都市国家が誕生したのである。

都市の誕生

シュメール最古の都市は、前三五〇〇年頃に誕生したようである。最初の都市は、小さな独立した国のようなものであり、それぞれの都市には支配者がいて、食料を供給するための農地があった。これらは、都市国家とみなされる。メソポタミアにおける有名な都市として、ウル、ウルク、ラガシュなどがある。

メソポタミアの経済的基盤は農業におかれていたが、文化的には都市が重要であった。都市は城壁に、さらに農地に囲まれていた。城壁は強固であり、日干しレンガでつくられていた。城壁の周りには水を張った堀があり、堀は敵の侵入を防ぐためにも有効であった。城壁の外側に住んでいた人々は、攻撃されたときには城壁の内側に逃げ込み、身を守ることができた。各都市の高い場所に神殿が建てられ、それはやがて、ジッグラトと呼ばれる建物になった。神殿内には神像が祀られ、その前には供物台がおかれていた。神殿は都市においてはもっとも重要な建物であり、都市のなかで一番高い場所に位置した。それは、都市全体が神に属しているという思想があったからである。そのため、神官が、最高の地位を占めることになった。

メソポタミアの都市は、元来、長老による「長老会」と、市民による「民会」を形成する一種民主的な組織をもつ自由市民により運営されていたが、用水の確保や異民族の侵入から防御するために強力な軍隊をもつ必要性が生じ、強大な権力を有する軍隊の指導者が生まれた。これがやがて王になり、王権が強まっていったのである。王は世襲となり、各都市の守護者とみなされ、さらに巨大な宮殿を造営し、戦車に乗った軍隊をつくり、重武装をした歩兵を有するようになった。このようにして王は、神官に対抗できるような権力をもつようになっていった。

都市では、商人も活躍した。彼らは隊商路や海路を往復して、遠く離れた都市と取引をした。それには生活必需品もあれば、各地域の特産品もあり、都市に住む人々の生活は豊かになっていった。それには、シュメール人に個人所有権があったことも寄与したものと思われる。

灌漑の問題点

灌漑には、大きな問題が付随していた。川の水には、わずかながら塩分が含まれる。したがって灌漑により、土壌中に塩が蓄積されてしまうことになる。とくに乾燥地帯では、強い日光によって水路の水が蒸発することで塩分が濃縮される。また、乾燥地帯の地下水には塩分が多く含まれており、灌漑水によって毛細管現象が生じ、塩分がより土壌表面まで引き上げられるのだ。そうすると塩害が発生し、穀物の生産性は大きく低下してしまう。それは、なかでも降水量が少ない地域にあてはまる。

メソポタミアとは異なり、雨が多い地域では、灌漑農業を長くおこなっても、塩害は発生しない。気化するより吸収する水分が多いので、塩分を含んだ水分が吸い上げられないからである。したがって灌漑システムの採用は、メソポタミアに大きなマイナス面をもたらす可能性もあった。それはやがて現実化していった。

実際にメソポタミアでは、土壌中の塩分濃度が上昇するにつれて、塩害に強い大麦の生産比率が増え、小麦の割合が減っていった。具体的にいうと、前三〇〇〇年頃には割合は同じくらいだったが、前二〇〇〇年になると、小麦はメソポタミアでは栽培できなくなってしまった。

塩害によってメソポタミアの農業生産力は落ち込み、さらに国力は低下した。メソポタミアは、もはや穀物が大量に収穫される土地とはいえなくなってしまった。ここに、メソポタミア文明は終わりを告げたのである。

アッカド王国とサルゴン一世

塩害によってメソポタミアの穀物生産性がかなり低下した時代に登場したのが、セム語系に属するアッカド人である。アッカドとは、現在のイラク中南部地域を指す。アッカド人が話していたのはセム語系のアッカド語であり、メソポタミアの共通語になっていった。

アッカド王国（前二三三四〜前二〇八三）は、サルゴン一世によって繁栄したことで知られる。サルゴン一世は、前二三〇〇年頃、メソポタミア南部のシュメール人の都市国家を制圧し、「シュメールおよびアッカドの王」となり、メソポタミアを初めて統一した。

サルゴン一世は、交易路を整備して、メソポタミア全域におよぶ中央集権的な領土国家の支配者となり、遠征を繰り返した。西方ではユーフラテス川中流、北シリアに領土を獲得したばかりか、小アジアのタウルス（トロス）山脈の銀を手に入れ、東方では肥沃な三日月地帯周縁の要衝を確保した。それまでのメソポタミア諸地域の国王と同様、王権は強く、商業を保護した。そのためメソポタミアの経済力は、リバイバルすることになった。

アッカド王国は、インダス川、現バーレーン島、現オマーンに至る広範な東西貿易の一大中心地となり、メソポタミアのほぼ全域を支配する領域国家となった。

だがサルゴン一世の死後しばらくしてアッカド王国は衰退し、前二〇八三年、グティ人の王朝によって滅ぼされた。

ウル第三王朝

グティ人の支配からシュメール人が解放されたのち、シュメール人による統一国家であるウル第三王朝（前二一一二〜前二〇〇四）が成立する。これは、シュメール人による最後の統一王朝であった。

初代のウル・ナンム王の統治下において、大規模な運河建設と整備が実行された。そのため、ペルシア湾をはじめとして、いくつかの地域との交易で王朝は大きく発展した。またウル・ナンム王は、「ウル・ナンム法典」を編纂したとされるが、これは現存する最古の法典であり、シュメール語で書かれていた。

ウル第三王朝では、王家が交易を独占しており、商人は、初期王朝時代には王や王妃に仕える者であった。つまり商人とはいわば役人であり、国家が商業を営むという形態は、ここでも続いていた。

ウル・ナンム王の息子であり後継者のシュルギは、官僚制度をさらに発展させ、そのためにおびただしい量の行政経済文書を残した。行政機構を整備し、文書の形式や度量衡を統一した。また、検地を実行し、穀物の収穫量を正確に知ろうとしたともいわれる。これは、官僚国家の整備には欠かすことができないことであった。そして、いくつもの地域に軍隊を送り、ウル第三王朝の領土は拡大していった。

バビロン第一王朝(古バビロニア王国)

セム系遊牧民であるアムル人は、ティグリス川とユーフラテス川の下流地域のバビロニアに侵入した。そして前一九〇〇年頃、バビロンを首都として、王朝をつくった。これが、バビロン第一王朝(古バビロニア王国)である。

同王朝でもっとも有名な王は、ハンムラビ王(在位：前一七九二頃〜前一七五〇頃)である。ハンムラビ王は全メソポタミアを統一し、交通網を整備し、商業を発展させた。また、灌漑のために必要な運河網を整備した。それまでと同様、王室を中心とした農業経済体制を敷き、征服した領土の耕地を王室領に編入し、高級官僚や神官に対しては、その一部を封地として給付し、収穫物の一部を国庫に納めさせた。

もっとも有名なのは、ウル・ナンム法典の影響を受け、シュメール法を集大成したハンムラビ法典である。楔形文字を用い、アッカド語で書かれたこの法の基本原則は、同態復譬法にある。しかし同時に、刑法・商法・民法などを含む全二八二条からなり、「強者が弱者を虐げないように」との意図をもとに制定されていた。

ハンムラビ法典の特徴の一つは身分によって刑罰が異なることであり、また、契約自由の原則も見られた。ハンムラビ法典は、やがて全オリエントの法律のもとになっていった。

アッシリア帝国

アッシリア帝国は強大な軍事国家であったが、すでに古アッシリアの時代に、商業も大きく発展させていた。前二〇〇〇年紀前半のうちにアナトリアのカネシュに商業植民市をおき、おもに銅と錫の交易に従事していた。アッシリア帝国は、それまでのメソポタミアの諸王朝と同様、商業を非常に重要視した王朝であった。

アッシリア人は長期間にわたり、あまり強力とはいえない民族であった。しかし前八世紀中頃から、ティグラト・ピレセル三世（在位：前七四五～前七二七）の時代に常備軍をそなえ、積極的に対外進出をするようになった。

アッシリア帝国の地位は、アッシュール・バニパル王（在位：前六六八～前六二七）によってさらに上昇する。古代エジプトは同王の攻撃を受け、首都テーベを陥落させられた。

これにより全オリエントが統一され、メソポタミア文明とエジプト文明が融合した。アッシリア人は商人としても活躍し、カネシュを根拠地としてアナトリア半島で交易活動をおこなった。アナトリア半島南部で羊毛を買い付け、北部の銅と引き換えに売却し、その銅を西部でふたたび羊毛に換えて、最終的により多くの銅に交換するという形態の貿易に従事した。

しかし前六一二年、アッシリア帝国は、新バビロニア王国とメディアによって滅ぼされた。

エラム文明と商人

メソポタミア文明とインダス文明のあいだには交易関係があった。この交易を担った人々のなかに、エラム人がいた。エラム人とは、前二二世紀頃、イラン高原の南西部一帯に起源を有し、前六三九年頃、アッシリア帝国によって滅ぼされた系統不明の民族で、イランのザグロス山脈沿いに位置していたエラム王国に属する人々であった。インダス文明の起源の研究者として有名な後藤健氏は、彼らの文明をエラム文明と呼び、古代の中近東の交易で大きく活躍した人々だったと考えている。

たとえば、インダス文明の産物として有名な鉱石のラピスラズリは、メソポタミア、さらにはエジプトに送られ、ツタンカーメン王のマスクに使用されていた。後藤氏によれば、これを輸送したのがエラムの商人たちであった。

また、青柳正規氏によれば、前二六〇〇年頃、エラム王国はシュメール人の都市キシュによって攻撃され、首都スーサ（後代、アケメネス朝ペルシアの首都となった）が陥落したため、イラン南東部に居住地を移したという。そして新しい都のアラッタを中心に、シュメール人との交易を継続した。そのため、シュメールとの交易拠点は以前よりもインダスよりに位置することになった。そしてアラッタを通じて、周辺でとれる石材や木材をはじめ、クロライトと呼ばれる緑泥石の加工品、そしてラピスラズリなどが、インダスからメソポタミアへと輸送された。アラッタを中心とする諸地域の文明は、トランス・エラム文明と呼ばれ、メソポタミアとインダスを結びつけたのである。

エラム人は、文明から文明へと商品を輸送することで大きな利益をえたが、それはとりもなおさず文明を伝播させる行為でもあった。文明は、このような人たちによって結びつけられたのである。

ディルムンの商人たち

エラムと同様、オリエントとインダス文明を結びつけたものに、ディルムン（現バーレーン島）がある。ディルムンは、前二〇〇〇～前一七〇〇年頃にかけ南メソポタミアとオマーン半島、さらにはインダス文明を結ぶペルシア湾の海上貿易を独占していた。メソポタミア南部から、ディルムンを経由し、銅、錫、砂金、象牙、カーネリアン（紅玉髄《べにぎょくずい》）、ラピスラズリ、木材、真珠など、大量の物資が運び込まれていた。

そしてオマーン半島の銅、インダス地域の砂金、象牙、アフガニスタンのラピスラズリや錫、ディルムンの真珠やサンゴ、べっ甲などの物資が、ディルムンを通じて、メソポタミア文明とインダス文明のあいだを行き来した。彼らもエラム人と同様、中間商人として活躍したのだ。

ディルムンの商人たちは、メソポタミアやオマーン半島（マガン）、インダス流域（メルッハ）、さらに中央アジアを結んでいた。彼らは、錫やラピスラズリを求めて、インダス川に沿って北上し、中央アジアまで行ったと考えられる。彼らの交易ネットワークは、エラム人と同等、もしかしたらそれ以上に広かったかもしれない。

ここでも商人以外に、国家が商業に対して大きな役割を果たした。メソポタミア南部とディルムンの交易を担ったのは商人だけではなく、官僚が、公的な海外交易の最終責任者であった。

少なくともアッカド王国時代やウル第三王朝時代には、「商人」の多くは、出資者から集めた銀を元手の一部として、ときには王権からはかなり独立した交易活動をおこなっていた。国家が商業に積極的に関与したのは、メソポタミアの特徴と一致するが、それとともに、商人独自のネットワークも発達していたのである。

おわりに――中間商人が文明と文明をつないだ

よく知られているように、メソポタミア文明とエジプト文明が一体化し、オリエントという一つの文明圏が生まれ、それがインダス文明と融合し、広大な文明圏が誕生した。

メソポタミア南部には、金・銀・銅・錫などの金属、木材など、文明を発展させるために不可欠な資源は存在しなかった。これらの資源はイランやアナトリア半島から輸入された。したがってメソポタミア文明の発生は、必然的に商業圏の拡大を意味することになった。

そのために、メソポタミア文明が、インダス文明との関係を強めたことは広く知られる。インダス文明は、メソポタミア文明の影響を強く受け、この二地域は商業的にも一体化していったのである。

このように、文明と文明がつながっていったわけだが、その媒介となったのが、中間商人であった。

気をつけなければならないが、メソポタミアの諸王朝は、むしろ平和裡に商業を拡大した。これまで見てきたように、国家そのものが商業に積極的に関与したばかりか、民間の人々の商業も拡大したのである。とくにメソポタミアとインダスの交易においては、エラムやディルムンに居住する中間商人の活躍が目立つ。メソポタミア文明とエジプト文明が統一され、オリエント文明となったことに対しても、オリエントとインダスの交易に関しても、彼らが果たした役割は大きかった。

彼ら中間商人の活躍で、エジプトからインダス川流域に至る広大な商業圏が成立したのである。

第二章

フェニキア人

地中海商業の覇者

ヨーロッパ文明とは、元来、オリエントから派生したものである。オリエントの影響下から脱したギリシア人は、そして長期的にはヨーロッパ人は、独自の文明をもつようになった。そのためには、地中海を東から西へと移動する必要があった。この点において、きわめて重要な役割を担ったのが、フェニキア人であった。

古代地中海世界とは一般に、ギリシア人とローマ人によって形成されたと思われているが、ここではフェニキア人こそが地中海世界を形成したと主張する。

ギリシア人もフェニキア人も、地中海に植民市を築いた。ギリシア人はどちらかといえば地中海の東側に、フェニキア人は西側に植民市を形成した。フェニキア人は、元来東地中海の現在のレバノンのあたりに居住していたので、そこから地中海の航路を開拓していったと考えられる。彼らはまた、アルファベットを改良した民族でもある。フェニキア人こそ、地中海文明の母なのである。

フェニキア人とは何者か？

フェニキア人の起源については、じつは謎に包まれている。わかっているのはセム系民族であり、現在のレバノン付近から地中海を中心に、大西洋、インド洋、さらには東南アジアにまで進出した海洋民族であったことである。これに匹敵する海洋民族は、その後長く現れなかった。あえていうなら、大航海時代になってようやく、ヨーロッパ人がフェニキア人よりも大きな海洋ネットワークをもつようになったのである。

近年のDNA解析にもとづき、フェニキア人は、トルコ南部、マルタ、シチリア、モロッコ、スペイン、サルデーニャ島、イビサ島、チュニジアにもとから住んでいた人々とかなり近い遺伝子をもっていたことがわかっている。とはいうものの、この範囲の広さから考えると、フェニキア人の起源は依然として混沌としているというほかない。

しかし、彼らが海洋民族であったことは間違いない。同じ海洋民族であるギリシア人と比較しても、フェニキア人の方が圧倒的に重要である。

前一二世紀頃、ヒッタイトとエジプト新王国の二大帝国が滅亡すると、その両国に支配されていたフェニキア人は、自立することができるようになった。彼らは決して単一の民族ではなく、地中海方面に海上交易に従事していた集団であった。前一五～前一四世紀頃には、ウガリットという都市を建設したようであるが、前一二世紀、民族系統不明の「海の民」の攻撃によってウガリットは滅ぼされた。その後フェニキア人は、シドンとティルスという都市を中心に、活動するようになった。

フェニキア人が住み着いたレバノン一帯には、当時は高さが四〇メートルほどにまで生育するレバノン杉という木が多く生えていたが、現在ではほんのわずかしか残っていない。

それは、フェニキア人をはじめとする交易に従事する人たちが船材や建材にするため伐採したからである。

さらにフェニキア人の特産品に赤紫色の染料があり、この染料で染めた織物も有力な商品であった。それ以外に、高度な技術を身につけた職人たちがつくり出す象牙や貴金属、ガラス細工もあった。地中海世界各地の貴族階級に属する人々にとって、フェニキア人がもたらす品物は垂涎の的だったのである。

数千年も使われた、フェニキア人の広大な海上ネットワーク

フェニキア人は、ユーフラテス川上流に定住して内陸交易を担ったアラム人とよく対比される。アラム人が、シリア砂漠などでラクダによって隊商を組んで交易をしたのに対し、フェニキア人は海上交易で活躍した。

元来、アラム人は遊牧民であり、シリアからメソポタミア北部へかけての地方で活躍していたが、前二〇〇〇年紀の半ば頃になると、いくつもの進出先で定着した。前一二〇〇年頃には、ダマスクスなどの都市を中心にいくつかの小国家を形成し、内陸交易の担い手として活躍した。彼らが使用したアラム文字は、各地に伝播して東方の多くの文字の母体となった。それらにはヘブライ文字、シリア文字、アラビア文字、ソグド文字、ウイグル

文字、モンゴル文字、満洲文字などがあった。

他方フェニキア人は、まだ象形性が残っていた古代アルファベットを改良し、線状文字にし、こんにちまで続くアルファベットの原型をつくった。フェニキア人が作成したアルファベットは、子音を表すだけであったが、後代になるとギリシア人が母音を加えて、現在のようなアルファベットになったのである。アルファベットの広まりは、フェニキア人が、どれほど広範囲で交易活動に従事していたのかを示している。

アラム人やフェニキア人がこのように文字を発明・改良したのは、おそらく交易のためであった。交易は、単に言葉を交わすだけで完結するわけではなく、使用言語の違うさまざまな民族と意思を通じ合わせなければならなかったからであり、そのため、文字が必要だったのである。

フェニキア人の交易路は、全地中海におよんだ。そればかりか、西アフリカ、さらには紅海をへてインド洋にまで達した。また、紅海からアフリカ東部をへて喜望峰を回り、アフリカ一周をもおこなったらしい。さらに前一一～前一〇世紀に、東南アジアの交易を開始したことがわかっている（ただし、それが永続したかどうかは別問題である）。フェニキア人の海上ネットワークは、大航海時代がはじまった頃のヨーロッパ人のそれと、あまり変わらないほどに広かった。ローマ帝国が東南アジア諸国と取引したことは知られているが、じつはそれは、フェニキア人の航路をそのままたどったにすぎないのである。

このようにしてフェニキア人は、さまざまな地域で取引をするようになった。フェニキア人ほど広大な取引網をもつ民族はこの当時のヨーロッパには見当たらず、地中海の威信財（個人の権威や権力を表す商品）の輸送は、フェニキア人が担っていた。

地中海の物流の支配が、フェニキア人台頭の大きな要因であったことは間違いない。彼らは前一一世紀から地中海の物流をほぼ独占するようになった。地中海の物流は、フェニキア人によって一体化していったのである。そしておそらくフェニキア人が開拓した航路は、以降も、ローマ人、イスラーム商人、イタリア商人、オランダ商人、イギリス商人らが使うことになった。地中海商業は、フェニキア人からはじまったのだ。

交易都市ティルスの台頭

フェニキア人が築いた都市国家としてもっとも著名なものにシドンとティルスがある。このうちティルスはイスラエル王国との友好関係があり、とくに、国王ソロモン（在位：前九六一頃～前九二二頃）の時代に大きく発展した。ティルスが台頭するに際しての重要な出来事として、ユダヤの神ヤハウェの神殿建設があった。そのためには良質な木材が必要であり、フェニキア人が所有するレバノン杉が必要不可欠であった。その見返りとしてソロモン王は、ティルスに大量の小麦と良質のオリーブ油を送った。ソロモンの神殿は、約二〇年という歳月をかけて完成した。それにはティルスからも大量の労働者が提供され、木材の伐採や輸送をはじめとして、内部の備品や調度品の生産に至るまで、ティルスのノウハウが活かされた。

ティルスとソロモンの共同事業は、さらに続いた。ソロモンは大型船を建造し、紅海での交易に乗り出した。イスラエルと友好関係になることで、紅海との交易さえ、ティルスは手中にした。ティルスは、いくつもの都市と交易をし、世界の多くの商品が集まる交易都市となった。

ティルスの交易相手地域は、メソポタミア北部からアラビア半島、小アジアさらにはエーゲ海から地中海西方へと広がっていた。しかもこのような交易ネットワークは、すでに前八〇〇年に確立していた。ティルスは、この広大な商業空間のなかでもっとも重要な中継貿易港だったと思われる。

ギリシア人の植民市が東方に建設される一方、ティルスをはじめとするフェニキア人の諸都市は、地中海を西へ西へと向かい、植民市を建設するようになった。それはいわば、オリエントからの離脱過程だったといえよう。もともとの居住地であったレバノンからかなり離れた地域にまで植民市を建設したのだから、フェニキア人の航海技術がいかにすぐれていたのかがわかるであろう。フェニキア人は傑出した航海者であった。

のちにティルスはアッシリア帝国に征服されたが、その後復活し、地中海交易で繁栄することになった。しかし前六世紀前半になると、新バビロニア王国のネブカドネザル二世によって一三年にわたり包囲されることになった。それはティルスの発展にとって、大きなマイナス材料になった。

新バビロニア王国とは対照的に、アケメネス朝ペルシアは、フェニキア人の交易活動を保護した。そのため、ティルスはペルシアと結んで勢力を伸ばし、ふたたび物流の拠点として繁栄した。多くの商品が、この都市を経由して、フェニキア人の船で行き来したのである。フェニキア人の海運業は大きく発展した。さらにフェニキア人は、ギリシア人と地中海における商業活動での覇権を競っていた。

商業国家カルタゴの発展

ティルスの植民市のなかで、もっとも重要なのはカルタゴであった。カルタゴは、前八二〇年頃ないし前八一四年頃に建国されたといわれる。

カルタゴが建設されたのは、現在のチュニジア共和国のチュニスに近い場所であった。他のフェニキア人の都市と同様、水深が比較的浅く、錨を下ろしやすいため、船を港に停泊させるのが容易であった。

カルタゴは、地中海を東西から見た場合、そのほぼ中央に位置する。さらにシチリア島に近く、北アフリカからイタリアに至る地中海の南北路を押さえることができた。したがって、地理的にカルタゴは地中海の交易網の中央部に位置しており、地中海交易の結節点として機能するようになった。西地中海では、すでに前六世紀に、カルタゴは交易の中心になっていた。フェニキア人のこのような商業拠点の移動は、彼らが地中海商業を拡大したことを意味した。

カルタゴが母市のティルスに取って代わったのは、アッシリア帝国や新バビロニア王国が台頭し、ティルスの商業活動が衰退したからである。やがてカルタゴを中心とする大きなネットワークが形成され、カルタゴは、母市から独立したネットワークを有するようになったのである。

前四世紀にシドン、ティルスがマケドニアのアレクサンドロス大王に征服されたとき、多数のフェニキア人がカルタゴに移住した。それが大きく影響して、カルタゴは商業国家として繁栄していった。この頃、カルタゴの商船はジブラルタルを越えてブリテン島（イギリス）まで進出し、錫などをえている。フェニキア人の物流は、北海にまで達したのである。

同時代の東地中海側では、アケメネス前ペルシアとギリシアが戦ったペルシア戦争（前四九九～前四四九）後のギリシア最強の国家は「アテネ帝国」と呼ばれるようになったアテネであり、多くのギリシアのポリスがそれに服属した。西地中海においては、カルタゴの力が大きく伸びたが、それには、カルタゴがそれまでのフェニキア人植民市にはなかった軍事的な性格をもった都市になったことが大きく影響していた。軍事的支配という点において、カルタゴにはのちのローマ帝国と似た構造があった。いや、カルタゴの方が先に発展したことを考えあわせるなら、ローマはカルタゴの模倣をしたのかもしれない。

カルタゴはシチリア島、サルデーニャ島、コルシカ島などを勢力下におさめた。そのため、ギリシア人の植民市であるマッサリア（現マルセイユ）などと対立するようになった。ただし、ギリシア人の勢力が衰退したため、大きな抗争には至らなかった。

カルタゴはさらに、ヒスパニア（現スペイン）にカルタヘナ、アルメリア、バレンシア、バルセロナなどの植民市を築いた。カルタゴはシチリア島の西半分を支配し、東側のギリシア人植民市シラクサとの対立が激しくなった。そのシラクサがローマに援軍を要請し、ローマはシチリア進出の好機ととらえてカルタゴと直接対決することとなる。

ここに、ポエニ戦争がはじまったのである。

ポエニ戦争

強大な軍事力をもつようになったカルタゴとローマの対立は必然であり、カルタゴとローマのあいだで、ポエニ戦争（前二六四〜前一四六）が勃発したことには、何の不思議もない。ポエニ戦争は、地中海における旧勢力のフェニキア人を新勢力のローマ人が破った戦いであり、地中海の覇権交代を意味した。

ポエニ戦争は三度にわたって戦われ、第二次ポエニ戦争に勝利したローマは、カルタゴに巨額の賠償金を課した。カルタゴは商業によって莫大な利益をえていたため、容易に返済することができた。だが、逆にこのことが、ローマにカルタゴの脅威を改めて認識させることにつながった。

第三次ポエニ戦争は、ローマが前一四九年にカルタゴの殲滅を狙って起こした。この戦争は、前一四六年にローマがカルタゴを破壊、滅ぼしたことで終結したが、町には火がつけられ、火は一七日間燃え続けたとされる。また総人口五〇万人のうち、生き残った五万五〇〇〇人のカルタゴ人が奴隷として売られたという。カルタゴはローマの新たな属州となった。

ローマ帝国の経済・商業発展の基礎はカルタゴがつくった

古代ローマはアフリカ北岸を自国領にし、多くの奴隷をイタリア半島に運んだ。また食料が不足していたため、スペインとアフリカの属州、とくにエジプトから穀物を輸送した。ローマ帝国の経済構造を大雑把にいうなら、北アフリカを収奪することにより、イタリア半島が繁栄したということができよう。とすれば、地中海交易で北アフリカの属領から穀物を輸入することが、帝国の維持のために不可欠であったと考えられる。

そのローマで、食料が不足するようになった。それは、領土が拡大したために、首都ローマに多数の移民が押し寄せたからである。元来、ローマの市民権はローマ居住者の自由民のみにかぎられていたが、二一二年、カラカラ帝により、帝国内の全自由民にローマ市民権を与えるアントニヌス勅令が公布され、属州を含め、全自由民に（ラテン人でなくとも）市民権が与えられることとなった。これは、ローマが現実的にも理念的にも、都市国家ではなくなったことを意味する。

カラカラ帝が市民権を帝国の全自由人に与えたのは、帝国内のすべての自由人をローマ帝国の「臣民」として支配するためだったとされる。彼らに市民権を与えることによって、ローマの神の前に等しく平等な臣民となり、皇帝の宗教的権威に従わせることができると考えたからである。

ローマ史でしばしば使用される言葉に、「パンとサーカス」というものがある。その目的は、食料と見世物を提供することで、市民に政治的関心を失わせることにあった。ローマ市民は、働かなくとも生きていくことができ、しかも娯楽を提供された。食料が無償で供給されたのは、ローマが広大な属州をもち、そこから穀物を輸入することができたからだ。穀物はエジプトや、カルタゴが領土としていたヒスパニアから輸入されたのである。

ローマ帝国は、その名の通り「帝国」であった。どのような時代においても「帝国化」すれば、本国に移民が入ってくるのは避けられない。それは現代のヨーロッパ、とくにイギリスでさまざまな旧植民地出身の人々が旧宗主国に移住していったことにもあらわれている。

帝国は、本国と植民地に分かれる。植民地の人々は、より高い賃金、より豊かな生活を求めて本国へと移動する。あるいは、より高度な文明に憧れて本国に渡る。それゆえ、「帝国化」と移民の流入は表裏一体の関係にある。ローマ帝国は、多様な人々からなる帝国であり、海上ルートで見るなら、移民たちはフェニキア人が形成したルートをたどって移動したのである。むろん穀物の輸送ルートも、元来はフェニキア人ないしカルタゴの人々が開拓したものであった。

もともと陸上国家であったローマが、地中海を内海とした海上帝国を形成できたのも、すでにフェニキア人が、地中海の輸送経路を構築していたからであろう。

おわりに――フェニキア人なくしてローマなし

ヨーロッパ文明とは、元来オリエント文明の派生物であった。だがヨーロッパ人はそういうことを忘れて、ヨーロッパは最初から独自の文明として登場し、オリエントは専制政治、ギリシアは民主政の発生地であったという前提に立っていた。現在では、この前提そのものが間違っていたことに、人々は気づきはじめている。

古代ギリシアにはオリエントからの移民が多数いたし、フェニキア人の元来の居住地がレバノンであったことを考えるなら、オリエント世界の要素を多分にもっていたと推測するのが妥当であろう。そしてフェニキア人が地中海交易の覇者だったことから、オリエント文明の影響下から離脱し、ヨーロッパ文明を構築する点で、フェニキア人、そしてカルタゴの人々の役割はかなり大きかったものと思われる。

ギリシア人の植民市が東地中海であったのに対し、フェニキア人の植民市は西地中海であったという事実は、フェニキア人の航海範囲の方が広かったことを意味する。フェニキア人の方が海洋民族として偉大であり、地中海の海上ネットワークは、主としてフェニキア人によって形成された傍証になろう。

それに対しローマ帝国は、イタリアから発生した。ローマは元来陸上国家であり、海上ルートの発展は、フェニキア人が築いた航海ルートをおそらくそのまま使用した。地中海がローマの内海になり、アフリカの属州から穀物を輸送できたのは、フェニキア人が形成した航海ルートがあったからであろう。フェニキア人なくして、ローマはなかった。ポエニ戦争以降、ローマの領土は大きく拡大し、カルタゴが商業的に支配した地中海を、今度はローマが政治的に支配するようになったのである。

後一世紀のローマにとって、最大の歳入源はインド洋貿易であったが、それを開拓したのは、おそらくフェニキア人であった。さらに大量の移民が流入するその基盤である交通網の形成にも、フェニキア人は大きく寄与した。

つまり、フェニキア人が築いてきたものをうまく取り入れることによって、古代ローマという強大な帝国をつくり上げたのである。しかしローマの人々は、それを忘れてしまったか、少なくとも無視しようとした。

われわれは非常に長期間にわたり、そのような考え方に慣らされてしまい、フェニキア人の役割を過小評価してきたのだ。

古代世界（ヨーロッパにかぎらない）最大の中間商人であるフェニキア人の世界史への貢

献について、われわれはもっと真剣に考えてみるべきなのである。

第三章

パルティアの商人

シルクロードで大儲けしたローマ帝国のライバル

パルティアは、前五世紀から前三世紀にかけ、イラン高原を支配したイラン系民族の国家である。パルティアはローマと対立し、彼らの前に大きく立ちはだかった。そこに居住したパルティア人は商業の民であり、シルクロード商業で活躍した。シルクロードを使い、古代ローマと中国をつないだ中間商人は、パルティア人だったのだ。つまり彼らこそ、東西文明の仲立ちをした人たちだったのである。ローマが中国からの絹を必要としていた以上、中間商人であるパルティア人は、ローマが絶対に叩きのめさなければならない敵であった。ローマはパルティアの中継貿易を排除し、中国と直接取引しようとしたが、それにはどうしても成功しなかったのである。

ローマからパルティアを通らずに、陸上ルートで中国に行くことは不可能であった。そのためローマ人は、中間商人としてのパルティア人を必要としていた。すなわちローマとパルティアは、単なる対立関係ではなかったのである。

そもそもシルクロードとはどのような道だったのか

シルクロードという言葉は、多くの人にとって耳慣れたものとなっている。この語は元来、一八七〇年代にドイツの地理学者リヒトホーフェンが言い出したものである。二〇世紀になると、中央アジアの研究で活躍したスタインやスウェン・ヘディンがこの用語を使用し、より一般的なものになっていった。

シルクロードには、「オアシスの道」(天山南路、天山北路)、そしてユーラシア大陸の草原(ステップ)をルートとする「草原の道」(ステップ・ロード)、さらにアラビア海、インド洋、南シナ海、東シナ海を結ぶ海の道(海上交通路)があった。

陸上でのシルクロードで活発な交易がおこなわれたのは七~八世紀までで、八~九世紀以降は、イスラーム商人や中国商人による海の道が主流になった。その頂点となったのは、一五世紀初頭に明の永楽帝が宦官でイスラーム教徒の鄭和《ていわ》に命じ、計七回の航海をおこなわせたときのことであった。ただしこれは、シルクロードの発展ととらえるべきか、イスラーム商人の活躍とみなすべきか、判断が難しいところである。

シルクロードの金

「シルク」という語から連想されるように、シルクロードの代表的な交易品は絹であった。それに対し、地中海世界から輸出されたものは、黄金、葡萄酒、ガラス製品などであった。一方武帝時代の漢からも、黄金が流出している。

シルクロードがユーラシア大陸の東と西を結ぶ道路であるとすれば、東西の交易品は異なるはずである。ところがローマからも漢からも、同じように黄金が流出するというのは奇妙としかいいようがない。これは、いったいどういうことなのだろうか。じつはここに、シルクロード理解の大きなカギが隠されている。

シルクロードは東西の交易路として知られるが、道は南北にも走っている。それは、いわゆるシルクロードが、中国と地中海世界を結ぶためだけの交易路ではなかったことを如実に示す。要するに、中央アジア内部の交易も少なからずあったと考えるべきなのである。それがどの程度であったのか、簡単にはわからない。だが、シルクロードとは東西南北に広がるネットワークでもあったことはたしかなのだ。

陸のシルクロードは、全長六四〇〇キロメートルにわたる、非常に長い交易路である。南北の範囲は、北緯三〇度から四五度の範囲におさまる。周知のように、乾燥地帯にはオアシス都市が点在していた。そのオアシス都市を移動したのが、ラクダによる隊商であった。

したがってシルクロードとは、中間商人が多数存在した地域なのである。シルクロードに沿って遊牧民族国家が生まれては消えたのは、おそらく偶然ではない。遊牧民とは移動する人々であり、同様に隊商を組んで移動する商人たちが生まれたとしても、何の不思議もない。彼らへの手数料として、あるいは、中央ユーラシアの商品購入のために黄金が支払われたとは考えられないだろうか。

またシルクロードを経由して、ゾロアスター教、マニ教、キリスト教（景教）、そして仏教などの宗教が伝播した。ユーラシア大陸にとどまらず日本にまで文物が伝えられたが、そういう見方では、森安孝夫氏がいうように、シルクロードは単なる中継地点であり、それ自体が何か新しいものを生み出すという視点が欠落してしまう可能性がある。宗教は、商人の移動にともない、あるいはそれを利用して伝播したと考えるべきであろう。

中国史の立場から見れば、シルクロードは漢の武帝（在位：前一四一～前八七）の時代にはじまる。武帝はほぼ全土への統一的支配を実現し、中国南部、さらには朝鮮半島まで郡県制を拡大した。

それればかりか、遊牧民族の匈奴《きょうど》への対立姿勢を明確にした。たとえば前一三九年に、匈奴を挟撃するため、外交官として張騫《ちょうけん》を、大月氏国との同盟のために派遣した。張騫は、その十数年後にようやく帰国するが、ここで気をつけておかなければならないのは、張騫は、まったく未知の領域を探索したというよりも、ある程度（具体的にはわからないにせよ）中間商人が築き上げてきたルートを利用したと考える方が妥当だということである。

シルクロードに沿った地域に居住する人々を中間商人ととらえるとしても、論じる対象を絞らなければならないことはいうまでもない。本章で取り上げるパルティアの中間商人は、どういう役割を果たしていたのだろうか。

パルティアの歴史

パルティアという国は、ほとんどの日本人にとって馴染みの薄い国である。この国の歴史を理解していただくためには、アレクサンドロス大王（在位：前三三六〜前三二三）の帝国から話をしなければならないだろう。

マケドニアの国王になったアレクサンドロス大王は、「アレクサンドロス大王の東方遠征」と呼ばれる大遠征を実行し、アケメネス朝ペルシアを滅ぼし、東西文化を融合させ、ヘレニズム時代をもたらしたとされた。

だがアレクサンドロス大王が遠征をおこなうことができたのは、そもそもアケメネス朝ペルシアが築いた道路があったためである。そのなかでもっとも有名なのが、都のスーサから小アジアのサルデスに至る、二五〇〇キロメートルにわたる「王の道」であった。

アレクサンドロス大王は、アケメネス朝ペルシアが築いた道を利用して大軍を移動させ、前三三〇年にアケメネス朝ペルシアを滅ぼした。その後のインダス川までの移動もほとんどが、あくまでもアケメネス朝ペルシアの領内での移動にすぎなかった点を忘れてはならない。インダス川まで到達したマケドニア軍が、それ以上東側に進むことを断念した本質的な理由として、インダス川流域までが一つの通商圏であり、その先にはまだルートが開けていなかったからという可能性もある。

アレクサンドロス大王によって東西の文化が統合されたヘレニズム文明が誕生したという見方は現在では否定されているが、この遠征によって、多くのギリシア人が移民として、この一帯に移り住んでいったことはたしかである。このような文化的混淆は、多数の文明・文化が混在する、中央アジア世界の前提条件を形成した。

そしてアレクサンドロス大王の死後、後継者たちによるディアドコイ戦争（前三二三〜前二八二）が生じ、彼の領土はアンティゴノス朝マケドニア、セレウコス朝シリア、プトレマイオス朝エジプトへと分裂した。その頃のパルティアは、セレウコス朝に服属する一部族であった。

前二三八年、族長アルサケスが即位してアルサケス朝（パルティア）を開いた。最盛期を現出したのは、ミトラダテス一世（在位：前一七一〜前一三八）の時代であった。この頃パルティアは、シリア・イラク方面に進出し領土を拡大したのである。ミトラダテス一世以降、パルティアの諸王はギリシア人を使って貨幣を鋳造し、そこにはゾロアスター教の神のアフラ・マズダやミスラ神などが、ギリシアの神々の姿で刻印されていた。パルティアでは、ゾロアスター教が比較的強く信仰されていたのである。

ミトラダテス一世と同名のミトラダテス二世は、アルメニアをめぐってローマと対立した。そこで前六二年、ローマのスラと交渉して、ユーフラテス川を両国の境界と定めた。

前五三年には、ローマの将軍クラッススがパルティア軍によって殺され、ローマ軍の軍徽章も奪われた。それに対しアウグストゥス（オクタウィアヌス）が、前二〇年に軍徽章を取り戻した。

後一一四〜一一七年には、ローマ皇帝トラヤヌスの東方遠征により、都のクテシフォンが占領された。さらにパルティアは、二世紀中頃にアルメニアの支配権をかけ、五賢帝最後の皇帝マルクス・アウレリウス・アントニヌスの時代にローマと戦ったが、敗北。巨大なローマ帝国との戦争によってパルティアは疲弊し、二二六年にササン朝ペルシアによって滅ぼされてしまった。

以上が政治史から見たパルティアのおおまかな歴史である。アケメネス朝ペルシア、そしてアレクサンドロス大王の帝国が、パルティアの形成をうながしたことが、ここからご理解いただけよう。

中央ユーラシアとシルクロードの商人たち

ここではまず、森安孝夫氏の主張を紹介したい。氏によるとシルクロードとは、おおかた中央ユーラシアを通るルートである。中央ユーラシア全体は、北から草原ベルトと砂漠ベルトと半草原砂漠ベルトが三重構造になっている。大草原、半砂漠状の山肌となり、それより低高度、完全な禿山がある。つまり、気候的にはかなり多様なのである。中央ユーラシアには大山脈が多く、そこには大草原がある。こうした山脈は巨大な貯水庫であり、遊牧民の揺籃の地となった。

このように中央ユーラシアは、草原と砂漠が多い乾燥地域なのである。シルクロードとはもとは自然にできた踏み道であり、そこで遊牧民が誕生したのだ。それは中央ユーラシアにしか、原産の馬はいなかったからである。そして内モンゴル草原のベルトの南側には、半農遊牧地帯がある。すなわち漢民族は、遊牧民と農耕民から成り立っていた。

シルクロードでは絹にかぎらず、金銀器、ガラス、香料、薬品、毛皮をはじめ、多様な商品が複雑なルートで行き交った。商品はリレー式（中継）であることが一般的なため、商人は一つ、ないし多くとも三つのジャンクションの区間を移動するだけであった。なかにはいくつものジャンクションを越える中・長距離を移動する商人もおり、また同一の商人が、両者を兼ねることもあった。そしてシルクロードで取引される商品は、基本的には奢侈品《しゃし》であった。

以上、森安氏の説を簡単に紹介した。現在でも一般には、シルクロードは中国と地中海を結ぶルートであると理解されている。それ自体は間違っているわけではない。長距離を移動する商人もいたし、彼らがときには短距離の移動しかしなかったことは間違いあるまい。

シルクロードで取引される商品は多様であった。だが、それと同時に、絹がもっとも重要な商品であったことも事実である。中国で生産された絹が、地中海世界に販売された。とすれば、地中海世界のディマンドプルこそ、シルクロードが発展する最大とまではいかなくとも、大きな要因であった。

地中海世界の絹に対する需要、あるいは、アジアの商品に対する需要が増加することによって、シルクロードは活気づいたはずである。あるいは、地中海世界で絹の需要が常に高く、中国と中央アジアが平和になったときに、シルクロードの交易が増大すると考えられよう。シルクロードの台頭とは、中央アジアの重要性が増大したことの表れだと見ることができるのである。

さらにこれだけの長距離、しかも多様な気候区で、一つの隊商がはるばる商品を運んだとは思われない。シルクロードを行き来するときに、いくつもの隊商が参加したとするほうがはるかに合理的である。だからこそ、中継地点であるオアシス都市が発展したのであろう。

そもそもローマの需要は、なぜ増加したのだろうか。

アウグストゥスによる平和と経済成長

共和政ローマの末期、前六〇～前四九年に、カエサル、ポンペイウス、クラッススの有力三者が争いを停止し、協力関係をとった。これを第一回三頭政治という。彼らはこれにより、元老院の勢力と対抗しようとしたのである。だが、このなかでカエサルの力が強くなり、第一回三頭政治は瓦解し、ローマは内乱状態になった。それを収めたカエサルは、独裁官に就任した。カエサルの権力がさらに強化されることを恐れた人々により暗殺団が結成され、前四四年にカエサルは暗殺されてしまった。

しかし、すでに元老院にローマの政治を動かすだけの力はなかった。そのため前四三年、アントニウス、オクタウィアヌス、レピドゥスが共同し、反元老院という形態での共同統治をおこなった。その後、レピドゥスが前三六年に失脚し、アントニウスとオクタウィアヌスの対立という図式が強くなった。この対立は前三一年に、オクタウィアヌスがアントニウス・クレオパトラ連合軍をアクティウムの海戦で破り、翌前三〇年には、アレクサンドリアを征服してプトレマイオス朝エジプトを滅ぼし、地中海全域の覇権を握った。前二七年、オクタウィアヌスはアウグストゥスとして皇帝（在位：前二七～後一四）となり、ローマは、共和政から帝政へと変わった。

アウグストゥスにより、ローマは平和な時代を迎えた。そのため、ローマは経済成長したのであろう。またエジプトを属州としたことで、ローマは重要な穀倉地帯を手に入れた。地中海はローマの内海となり、スペインからシチリアに至る島々がローマに組み込まれ、属州がローマ本土に奉仕するというシステムが完成した。

おそらくアウグストゥスは最終的な結果についてはは気がついていなかっただろうが、彼が東方との交易がもたらす利益を知らなかったわけではない。東方からの商品、なかでも絹に関税をかけることで、国庫の歳入が増えると期待できたからである。また絹は、すでにこれ以前から、少なくとも上流階級には知られた商品であった。しかもアウグストゥス以前の時代から、中国からアジアに来るルートは知られていた。

前一世紀、ギリシア出身のローマの地理学者カラクスのイシドロスは、アウグストゥスから雇われた監察官であり商人ではなかったが、パルティアを旅行することを許された。のちに彼は、『パルティア道里記』を著した。

イシドロスは、パルティアの主要な交易都市のすべてを訪れたわけではなかったが、貴重な書物を書いた。その記録は断片的で、伝聞でしかなかったこともあったとはいえ、東西交易の要所であったメルブという都市の記録が残っている。イシドロスがパルティア領内を旅行した正確な時期はわからないが、アウグストゥスが統治した時代であったことはたしかである。

中間商人としてのパルティア人

漢（後漢）の政府は、パルティアを決して朝貢国とはみなさなかった。それはあまりに強力であり、また遠隔地に位置していたからである。とすれば、漢（後漢）としても、パルティアをローマとの取引のための中間商人として利用するほかなかった。そのことは、パルティア人も十分に理解していた。

後漢の西域都護《とご》であった班超《はんちょう》の部下甘英《かんえい》は、九七年にローマ（大秦国）に派遣された。しかし、シリアないし地中海にまで到達したが、ローマには到着できなかったとされる。どうもそれは、パルティアの役人ないし商人から、ローマ皇帝には会わないように説得されたかららしいのだ。ローマに到着するまでには何か月、いや何年もかかるといわれて、引き返したというのが本当の話のようである。

それでも甘英は、ローマに関する情報をさらに入手した。そこから明らかになったのは、パルティア人が、どれほど巨額の利益を、中間商人として稼いでいたのかということであった。ローマ皇帝は後漢に使者を送り、直接取引しようとしたが、パルティアの妨害に遭い、それは不可能であった。非常に儲かる交易をローマに渡すことなど、パルティア人にはできなかったからである。パルティア人はありとあらゆる方法を使い、ローマと後漢が直接交易することを防いだ。逆にいえば、後一世紀においては、パルティアはそれほど強力な国家だったのである。

ただし『後漢書』には、一六六年、大秦王安敦《あんとん》の使者が日南郡（現在のベトナム中部）に渡来し、象牙・犀角・タイマイ（海亀の甲羅）などをもって入貢した、と書かれている。この安敦は、マルクス・アウレリウス・アントニヌスであったといわれるが、そもそもローマが入貢するということはあまり考えられない。とはいえローマに、パルティアを避けて後漢と直接交易しようという意図があり、そのために何か動きがあったと推測することは、十分に可能である。

パルティアはなぜ重要か

パルティアは、その誕生から死に至るまで、ユーラシア大陸の強国の一つとして活躍した。その現実的基盤の一つは、シルクロードの中継貿易にあったのではないかと思われる。

たしかにパルティアはローマと抗争し、二度目の戦争では、それが大きな痛手となって国力を低下させた。しかし、ローマにもたらされたかもしれない利益を奪い取り、繁栄したことも事実なのである。その一方で、漢王朝とはこれといった抗争はなく、絹を安定して入手することができたものと思われる。

セレウコス朝シリア（前三一二〜前六三）の都であり、貿易拠点として繁栄したアンティ

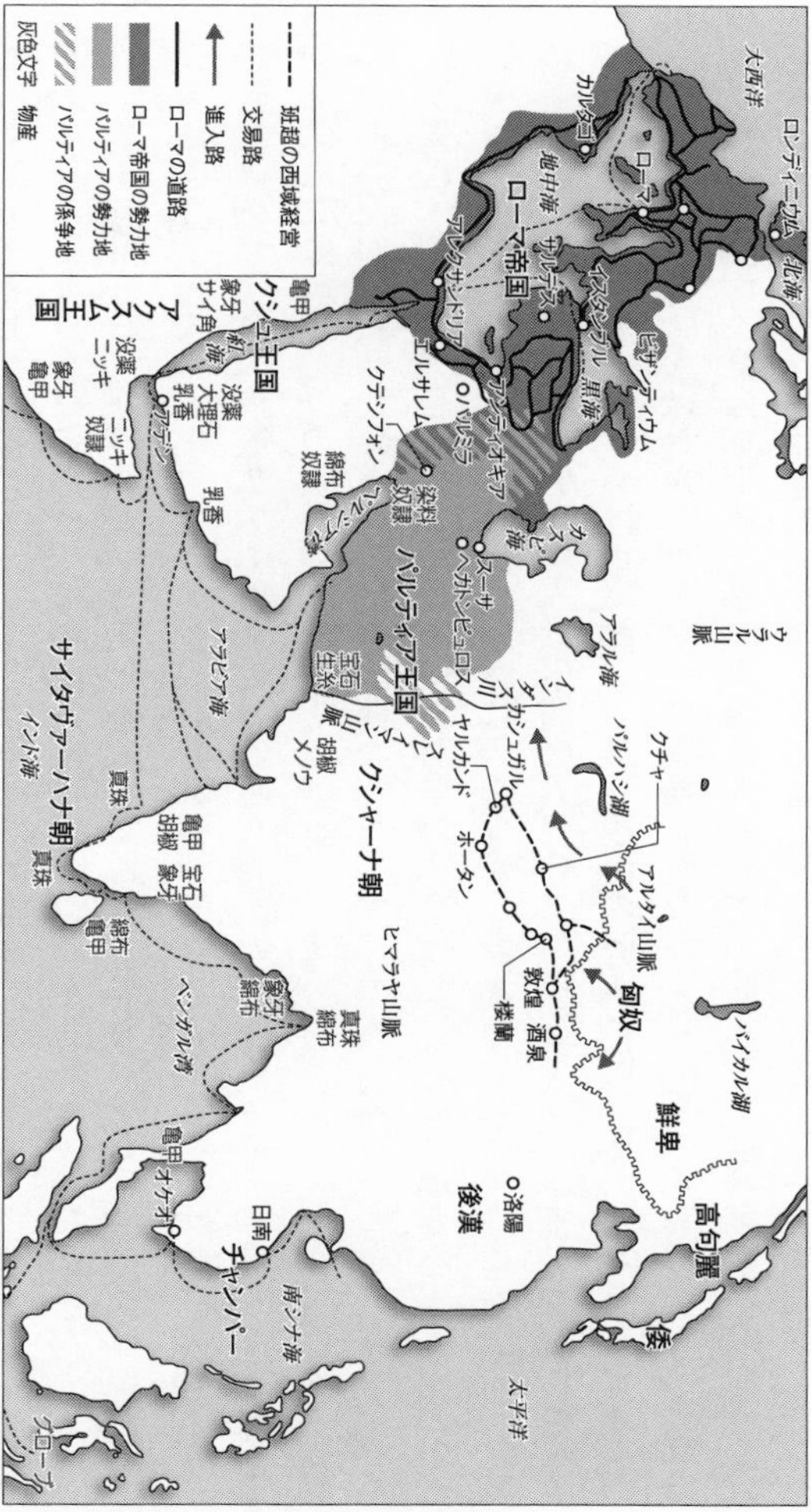

パルティア時代のアジアとヨーロッパの交易

オキアは、パルティアの時代になっても、依然として大切な貿易拠点であった。しかも、東方への貿易額が拡大すればするほど、アンティオキアの地位も上昇していった。ローマ最東端の都市はゼウグマであり、その向こうに行けば、パルティア領であった。

パルティア領を通って、ローマに東洋の商品は到着したものの、ローマとパルティアの仲が良かったわけではない。だが、前二〇年にアウグストゥスとパルティアのあいだで交わされた調停により、商業拡大のためには不可欠だったパルティアとの関係が大きく改善されることになった。それ以降もローマとパルティアとの関係はぎくしゃくすることはたしかにあったが、戦時を除き、絹は絶え間なくローマに流入し続けることになった。パルティア人は、中間商人としての地位を保持し続けようとした。それはむろん、中国の絹はパルティアの領土を通らなければローマに入らなかったからである。

後一世紀になると、パルティア人は中間商人としての役割を強化していった。パルティア人の商人も役人も、とりわけ絹に関しては、後漢の商人と直接取引することを望んだ。現実に、パルティア人はシルクロードでの交易をかなりコントロールしていた。それは、明確な数値を出すことは不可能だが、中間商人としての収入がかなり多かったからではないだろうか。

さらにパルティアは、自国領土内を通行する商品に税金をかけた。絹の交易はこれほどまでに利益が出たのだから、パルティアが、ローマと中国（後漢）に直接取引をさせるはずもなかったのである。

おわりに――中央アジアの平和と中継貿易の発展

本章ではシルクロードの役割と、東西の中継地点としてのパルティアと、中間商人としてのパルティア人の重要性について見てきた。

シルクロードとは、単に中国と地中海を結ぶ商業用のルートにとどまるものではない。前述の通り、そのルートを通り、いくつかの宗教が伝播した。しかし忘れてはならないのは、それらは商人が形成したルートをたどったということである。シルクロードのルートでもっとも大切だったのは、何よりも商業であった。

シルクロードとは、東西だけではなく、南北のルートも絡み、長距離、中距離、短距離の交易に従事する商人たちが使う道であった。だが、どのような商人にも、長距離交易をする可能性もあれば、中距離や短距離の交易に従事することも考えられた。おそらく全ルートを一人の商人ないし一つの隊商が渡り切るということは、ほとんどなかったに違いない。ではそれは、どういう結果を招いたのだろうか。

オアシス都市で商品を積み替える回数が多くなれば多くなるほど、商品の価格は上がる。

したがってシルクロードを使った交易では、中国を出発するときの絹の価格と、ローマ人が絹を購入するときの価格とを比較したなら、後者の方が圧倒的に高くなったはずである。しかも、そこにパルティア（だけではなかっただろうが）で通行税がかかったうえ、手数料がとられ、ローマが輸入するときに関税がかかるのだから、ローマ人は非常に高価な絹を買っていたことになる。

それが可能になった要因の一つとして、ローマ人が属州を収奪することによって可処分所得を高めたことがあげられよう。パルティアが中継貿易を発展させ、パルティア人が中間商人として活躍できたのは、おそらくそのためである。

しかし東西の交易は、中央アジアが平和であることが前提となっていた。パルティアが滅亡した三世紀初頭にはその前提条件は崩れ、そのうえ中国で四〇〇年にわたり、混乱が続いた。

そのためシルクロードでの取引がふたたび活発化したのは、七世紀の唐代からのこととなった。

第四章

イスラーム商人たち

コーランと商売

七世紀になり、ムハンマドによりイスラーム教が創始されると、その影響力は瞬く間に中東、ヨーロッパ、アフリカに広まった。イスラーム教徒はたしかに多くの土地を征服した。それと同時に、彼らは国際貿易商人として活躍することになる。ヨーロッパから東南アジアに至る商業ルートでイスラーム商人が活躍し、世界は大きく変化したのだ。

ヨーロッパでは、六世紀にユスティニアヌス一世が実現したビザンツ帝国による地中海の統一が、イスラーム勢力の進出により瓦解した。イスラーム教徒は聖戦（ジハード）を戦い、多くの敵国を壊滅させたが、異教徒であっても、ユダヤ教徒とキリスト教徒という啓典の民は、ジズヤ（人頭税）を支払えば、信仰と生命・財産は保護された。イスラーム教はそのため、ユーラシアの海上、さらには陸上での商業を担うようになっていった。

イスラーム教徒は、世界最大の中間商人となったのである。

イスラーム教の創始から世界進出へ

ムハンマド（五七〇頃〜六三二）は、メッカ（マッカ）のクライシュ族の一氏族である大商人のハーシム家に生まれた。四〇歳を超える頃から神の啓示を受けるようになり、その布教をするようになった。これが、イスラーム教である。

しかし、それはなかなか人々に受け入れられなかったため、六二二年、メッカからメディナ（マディーナ）にヒジュラ（移住）することによって、正式にイスラーム教が成立したとされる。ムハンマドは六三二年に世を去ったものの、彼の死後も、イスラーム勢力は目覚ましく台頭した。世界史上、七世紀とは、イスラームの世紀であったといっても過言ではない。これほど急速に世界中に信者を増やしていった宗教は、ほかにない。

ムハンマド没後の正統カリフ時代（六三二〜六六一）は、ムハンマドの後継者であるカリフが正しく選出されて、ムハンマドの教えも厳しく守られていた時代であったとされる。この時代には、イスラーム教の特徴であるジハードがなされ、領土は西アジアにまで広がった。

そしてシリア、エジプト、そしてイランを征服した。正統カリフ時代には、ムハンマドの時代とは異なり、部族的な結びつきが否定され、人間の平等が説かれ、その教えが広く受け入れられるようになったことは事実である。イスラーム勢力の急速な発展は、おそらくそのためであった。しかしその一方で、アラブ人でなければ、イスラーム教徒であっても、ジズヤやハラージュ（地租）を支払わなければならなかった。イスラーム教は、まだアラブ人の宗教だったのである。

六六一年には、ウマイヤ朝が成立した。正統カリフ時代には、カリフは信者の互選で選出されていたが、ウマイヤ朝からは世襲とされた。初代のムアーウィヤ以後、ウマイヤ家がカリフを世襲することになった。

ウマイヤ朝時代に、カリフの地位に関して、ウマイヤ家にカリフを認めるスンナ派と、第四代カリフの子孫のみをカリフとみなすシーア派の対立が生じ、以後イスラーム教は、多数派のスンナ派と少数派でペルシア（イラン）を中心とするシーア派に分かれることになった。

ウマイヤ朝は西アジアを中心として、現在のスペイン、地中海域、北アフリカ、西アジアさらに中央アジアからイラン、インダス川流域にまで広がる領土をもつ大帝国になった。ウマイヤ朝では非アラブ人は冷遇されていたので、それに対する反発が生じ、それを利用したアッバース家がウマイヤ朝を倒し、アッバース朝（七五〇～一二五八）を建国した。

アッバース革命とバグダードの繁栄

アッバース朝になって、イスラーム王朝はさらなる飛躍を遂げた。正統カリフ時代とウマイヤ朝は、まだ「アラブ人」のイスラーム王朝であったが、アッバース朝はアラブ人の特権を否定し、非アラブ人がジズヤを支払う必要はなくなった。アッバース朝は、アラブ人の王朝ではなく、イスラーム教徒による王朝へと変貌したのである。これは、しばしば「アッバース革命」と呼ばれる。この王朝により、イスラーム教はアラブ人だけの宗教ではなく、民族とは関係がない、世界宗教になったのである。

この頃の世界史は、あくまでもイスラームの台頭が目立った時代だったというべきであろう。ヨーロッパは長期間にわたり、イスラーム勢力に対抗することができなかった。一方で中国の唐王朝とアッバース朝は、ほぼ二五〇年にわたり、活発に人の交流や経済的・文化的交換をおこなっていた。

アッバース朝第二代カリフのマンスールは、七六六年にバグダードを首都として完成させた。アッバース朝は八世紀後半のカリフ、ハールーン・アッラシード（在位：七八六～八〇九）の時代に全盛期となった。

アッバース朝では、戦利品としてえられた土地は、すべてがウンマ（イスラーム共同体）が所有するという原則にもとづき、国家が土地を支配し、ハラージュを徴収するという制度が確立された。

アッバース朝の首都バグダードは、唐の都長安と並び称されるほど繁栄した。七三二年、トゥール・ポワティエ間の戦いで、フランク王国の宮宰カール・マルテルがウマイヤ朝のイスラーム軍を破ったことはよく知られるが、逆にいえば、ヨーロッパ側にはその程度しか、勝利といえるものはなかったのである。しかし、九世紀後半から分裂傾向が強くなり、カリフは実質権威を失っていったものの、一二五八年にモンゴル軍の侵入で当時のカリフが殺されるまで、アッバース朝は長期にわたり存在した。

アッバース朝の領土の拡大にともない、現地の人々がイスラーム教に改宗することもあった。それは、アラブ人ではなくても、イスラーム教徒なら平等に扱われたからだと思われる。

インドに渡ったイスラーム教

イスラーム化の勢いは、インドにも伝わった。一二〇六年には、自立した最初のイスラーム王朝である「奴隷王朝」が建国された。建国時のスルタンであったアイバクがゴール朝の奴隷兵士出身であることから、この名がつけられた。イスラーム社会においては、奴隷出身者が高官に就くことがしばしばあり、これは、その一例を示す。この王朝から一五二六年まで五代にわたり、デリーを首都とする王朝が続いたので、デリー・スルタン朝と呼ばれる。

デリー・スルタン朝は、以降、ハルジー朝、トゥグルク朝、サイイド朝、ロディー朝と続いた。ロディー朝はアフガン系であったが、それ以外はトルコ系であった。一五二六年にロディー朝がパーニーパットの戦いでバーブルの率いる軍に敗れ、滅亡した。これによりムガル帝国が誕生した。

ダウ船貿易

このようにインドでイスラーム勢力が強くなったこともあり、当然のように、インド洋では、イスラーム商人の力が強くなっていった。

イスラーム商業史家として著名な家島彦一氏によれば、八世紀半ばから一〇世紀半ばまでの約二〇〇年間に、バグダードがイスラーム世界の文化的シンボルとして、また富の源泉としてその周縁地域に強く意識されていったという。熱帯・乾燥帯の諸地域で産出されるさまざまな商品を大量に提供し、その対価として、西アジアと地中海沿岸部の諸都市で生産・取引された衣料品、敷物類、金属製品、陶器、ガラス容器、装身具、金銀貨幣、武器類、さらには他地域からの中継品を、インド洋の交易で使用されていたダウ船で輸送した。

これらの商品を輸送するのはバグダードの商人であり、彼らがインド洋、さらには地中海にまで移動し、商業に従事した。地中海の商業ネットワークは、イスラーム勢力に取り込まれることになったのである。

ダウ船は、沿岸貿易にも長距離貿易にも使われた。アラブ人とペルシア人は、東アフリカ海岸とインド西岸の長距離航海のためにダウ船を使い、インド洋に面する地域に住んでいた多数の人々も、ダウ船を使用した。

ダウ船による輸送の中心に、イスラーム教徒が位置するようになった。ヨーロッパは、長期間にわたり、軍事的にも商業的にも、イスラーム勢力に対抗することができなかった。

中国・インド・アフリカに広がる商売

福建省の泉州には、唐代初期からイスラーム商人が訪れていた。そもそも唐は非常に国際的な国家であり、その首都長安を訪れていたのだから、唐の代表的な港である泉州にイスラーム商人が訪れていたとしても、まったく不思議ではない。イスラームの勢力は、中国にまで到達したのである。

インドから中国にかけて、商業ネットワークが形成された。インドの綿織物は紅海やサハラ以南のアフリカまで送られ、さらには、西アフリカのセネガンビアにまで到着した。途中エジプトのカイロと、アフリカのヌビアとアビシニアの諸都市の商品集散地を出発し、サハラ縦断のキャラバン隊が使われたものと思われる。

このように、インドから中国にかけての海上貿易に加えて、海上・陸上でのネットワークを利用し、アフリカにまでネットワークが拡大した。その担い手の主力はおそらくイスラーム商人であった。

であろう。

モンゴル帝国の駅伝制

モンゴル帝国は、内部から反乱があったときには、断固として鎮圧した。しかし、基本的に帝国内部は平和が維持されていた。もしそうでなければ、フランチェスコ派修道士のルブルックが、首都のカラコルムで皇帝のモンケ・ハンに会うことなどはできなかったであろう。

モンゴル帝国の創設者であったチンギス・ハンも、その後継者も、中継貿易による利益に目を向けた。そのためモンゴル帝国は、通商路の安全を重視し、その整備や治安の確保に努めたのである。さらに、駅伝制が導入された。ここでは、フビライ・ハン（在位：一二六四〜一二九四）の頃の駅伝制について述べてみよう。モンゴルでは、駅伝制はジャムチと呼ばれ、駅亭をジャムといった。

大都を中心とする主要道路に沿って、一〇里ごとに站《たん》（宿場、拠点）がおかれた。民戸一〇〇戸を站戸として、官命で旅行する官吏・使節などに人馬や食料を提供させた。站戸は、必要な物資を供給するだけではなく、人を提供して世話をすることも義務付けられた。站戸は土地税を免除されてはいたが、馬の提供もしなければならなかったので、その経済的負担は大きかった。

駅伝制は首都の大都を中心にユーラシア規模で整備された。そのため帝国内の交通が安全かつ便利となり、さらにイスラーム商人の隊商による陸路貿易が盛んになったのである。

さらにモンゴル帝国では、主要都市や関所を通るときに徴収される通行税を廃止し、商品が安価に流通するようにした。これらのことから、モンゴル帝国の支配者たちが、商業活動、さらには情報伝達の重要性をどれほど認識していたかがわかる。商人が商業活動を営むためのコストは非常に低かったのである。

マルコ・ポーロは、『東方見聞録』で、浙江省にある港市の杭州の繁栄を、こう語っている。

主要十街区では、どこも高楼が櫛比《しっぴ》している。高楼の階下は店舗になっていて、そこでは各種の手芸工作が営まれたり、あるいは香料・真珠・宝石など各種の商品が売られている。米と香料で醸造した酒のみを専門に売る店もある。この種の高級店舗では品物が常に新鮮でかつ安価である（マルコ・ポーロ著・愛宕正男訳『東方見聞録』2、平凡社東洋文庫、二〇〇〇年）。

モンゴル帝国は、基本的には陸上帝国であった。しかしここからわかるように、海上貿易もずいぶん盛んになっていったのである。

モンゴル帝国では、一三世紀からイスラーム化が進んだ。たとえばフビライはユーラシア全土におよぶ流通機構をつくり上げたが、その担い手となったのが、オルトクといわれたイスラーム商人の組織だったのである。しかもイスラーム教徒は、モンゴル帝国では財務官僚として活躍していた。モンゴル帝国の商業・経済を支えたのはイスラーム教徒であった。

モンゴル帝国は、商業を保護した。駅伝制を採用しただけではなく、海上貿易を発展させようとした。ここから考えるなら、モンゴル帝国の商業政策は、それまでの王朝ときわめて似ていたといえよう。そのモンゴル帝国は、一二六九～一三〇五年のハイドゥの乱が平定されると、「タタールの平和」と呼ばれるユーラシア内陸部の平和がもたらされることになった。そのため、ユーラシア大陸で経済が大きく成長することになる。

イスラーム勢力の東南アジア貿易

すでに八～一一世紀において、インド洋やアラビア湾のみならず、イスラーム化が進んでいた南シナ海、東南アジアにおいても、イスラーム教徒の共同体が見られた。

早くも一一世紀後半には、アラブからの使者が東南アジアをへて、中国を訪れている。この時代には、中国の海上貿易の拠点が広州から泉州へと移っており、泉州には、すぐにイスラーム教徒の礼拝堂であるモスクが建てられた。同時代のキリスト教社会がほぼヨーロッパにかぎられていたことを想起するなら、イスラーム勢力の浸透のスピードがいかに速く、その範囲がいかに大きかったのかがよくわかる現象である。

一四〇〇〜一四六二年に、マラッカ、スマトラ、モルッカ（香料）諸島の一部がイスラーム化している。イスラーム勢力の台頭は、かなり長期間にわたり続いたのである。さらにブルネイ、マニラ、チャンパーなどもイスラーム化した。イスラーム化のピークは、一七世紀中頃にあった。このとき、東南アジアには、ますますイスラーム勢力が浸透していったのである。ヨーロッパ人が東南アジアに到達したときも、この地でのイスラームの影響力は依然として強かったのである。

「商業の復活」とは何だったのか？

ここで、ヨーロッパに話題を変えよう。二〇世紀前半に活躍したベルギーの歴史家アンリ・ピレンヌ氏は、「商業の復活」という学説を出した。これは、七五一年にカロリング朝が生まれたときには、イスラーム勢力が地中海に進出したことによってヨーロッパ商業は衰えたけれども、一一〜一二世紀になると復活してくるという学説である。

さらに、イスラーム教徒の侵入によって衰えていた地中海貿易が息を吹き返す。たとえば北イタリアのヴェネツィアやジェノヴァなどの商人がレヴァント（現在のトルコ付近）貿易をおこなうようになり、香辛料などをヨーロッパにもたらすようになったからである。さらに北イタリア商人は、フランドルを中心とする北ヨーロッパの諸都市との貿易を開始する。

イタリアと北ヨーロッパを結ぶ内陸交通路が発達し、それに加えてフランス北東部でシャンパーニュ大市が開かれるなど、内陸諸都市が発展した。そのため、イスラームの侵入によって絶えていたヨーロッパの貨幣経済が活発になった。それにより商業が復活し、それに付随して都市人口が増加し、都市も発展したというのである。

だが、むしろヨーロッパの商業は、むしろイスラーム商業と結びつき、それによって強化されたと推測すべきであろう。ピレンヌ氏はヨーロッパの側に立ち、地中海へのイスラーム勢力の進出により、ヨーロッパ経済はダメになったと考えていたが、これは、やはりいいすぎであろう。

ただしヨーロッパ世界が、イスラーム勢力によって包囲されていたことはたしかである。ヨーロッパがその包囲網から解放され、世界に船隊を送れるようになるには、かなりの年月が必要であった。

地中海交易の変貌

四七六年に西ローマ帝国が滅んだときには、地中海はローマの内海ではなくなっていた。ビザンツ帝国（東ローマ帝国）のユスティニアヌス一世（在位：五二七～五六五）が、古代ローマほどではなかったが、地中海の多くの部分を「（東）ローマの内海」にしたことには大きな意義がある。しかしそれは、七世紀になると、イスラーム勢力の台頭であっけなく崩れてしまうことになった。

かつては、このことにより地中海はイスラーム教徒の海になったと思われていたが、現在では、それは否定されている。残存している史料が乏しいので明確なことはいえないが、イスラーム商人とヨーロッパ商人による交易もあったことは間違いないだろう。むしろ主張すべきは、イスラーム勢力の台頭により、地中海で異文化間交易（文化や宗教を異にする人たちの交易）が発展したことである。

地中海は、ローマ・カトリック信徒、東方教会（ビザンツ帝国）の商人、そしてイスラーム教徒の海になったのである。このような多様な宗派による交易がおこなわれたことは、地中海の大きな特徴であった。戦争で対立関係があったとしても、その国の商人同士が取引するということは、どの時代においても別に珍しくも何ともない現象であった。

だが地中海は、その程度が非常に大きかったように思われる。そもそもヨーロッパの商人は、イスラーム商人がいなければ、他地域と交易することはできなかったからである。

イスラーム勢力に囲まれたヨーロッパ

すでに述べたように、アッバース朝によってイスラーム勢力の範囲は中央アジアにまで拡大した。また後ウマイヤ朝は、スペインを支配下に収めた。そして北アフリカにも、イスラーム王朝であるファーティマ朝が、一〇世紀初頭に建国された。したがってヨーロッパは、イスラーム勢力に取り囲まれた地域になったのである。

すなわち、中央アジアから地中海に至る世界が、一つの広大な商業空間になった。地中海は、いくつもの異文化を含む交易圏の一部となった。地中海のネットワークは、長期的にはイスラーム勢力によって消滅するどころか、逆に大きく広がったと考えるべきなのである。

そしてイスラーム商人は、明らかに中間商人として大活躍することになった。この事実の重みは、きわめて大きい。ヨーロッパよりもアッバース朝の方が経済力は強かった。したがってヨーロッパは、広大な異文化間交易圏の比較的小さな一部を構成したにすぎなかったのである。

おわりに——一体性と寛容さ

本章で見たのは、イスラーム教徒がいかに多くの地域に進出したのかということであった。七世紀に産声をあげてから一六世紀頃まで、イスラーム勢力がユーラシア世界各地に広まったことが、これまでの議論からご理解いただけたものと思っている。ただし多数の民族が含まれていることから、これらをひとくくりで「イスラーム教徒」とすることは必ずしも適切ではないかもしれない。だが、イスラーム教徒の活動について見ていくことも大事なのだ。

陸上ルートを見ると、モンゴル帝国の商業・経済を支えたのはイスラーム教徒であったことから考えるなら、ユーラシアの商業でどれほどイスラーム教徒が活躍していたのかが理解できる。

海上ルートについては、イスラーム教徒の活躍はなおさらよくわかる。インド洋から東南アジアの海で、もっとも積極的に商業活動をおこなっていたのは、イスラーム商人であった。

しかもイスラーム商人は、地中海交易にも従事していた。コロンブスの新世界「発見」以前には大西洋貿易はほぼ存在しなかったので、イスラーム教徒は、カトリック、ギリシア正教会の信者、ユダヤ教徒と比較して、明らかにずっと広大な地域で商業活動をしていたのである。

ヨーロッパは、イスラーム勢力に取り囲まれた小さな半島であり、他地域との商業活動は、イスラーム教徒を通じなければほぼ不可能であった。

イスラーム教は、キリスト教よりも強く偶像禁止を徹底した宗教である。信者は、各地の社会情勢にはあまり関係なく、唯一神であるアッラーを信仰することができた。それゆえイスラーム社会は、キリスト教社会よりも一体性が強かったと推測される。

その一体性こそ、イスラーム教が急速に発達した理由であったように思われる。しかもイスラーム世界はキリスト教社会よりも宗教的に寛容であり、税金を払えば異教徒であっても、キリスト教社会よりははるかに自由に居住することができた。それゆえイスラーム世界は発展することができたのである。

おそらく七世紀から、少なくとも一六世紀初頭までは、イスラーム教徒は世界最大の中間商人であり、彼らの活動は、世界史を大きく動かしたのである。それが逆転し、ヨーロッパ人が中間商人として大きく活躍するようになると、イスラーム世界は衰退することになったのだ。

第五章

ソグド商人
シルクロードの立役者

第三章でパルティア人について述べたが、シルクロード交易の立役者であったのは、ソグド人と呼ばれる人々であり、本章では彼らを対象とする。ソグド人は中国にゾロアスター教やマニ教を伝え、突厥《とっけつ》帝国のもと、シルクロード交易に従事した。八世紀のユーラシア大陸では、大唐帝国とアッバース朝という二つの大帝国が並立していたが、この二国は、シルクロード交易により、一つの商業圏を形成するようになった。それが機能したのは、ソグド商人の力であった。

ソグド人は統一された帝国を築いたわけではなかった。彼らの社会は、経済は高度に発達していたが、国家体制は弱く、中央集権化はほとんど進んでいなかった。むしろそのために、中間商人として活動することが容易になったのかもしれない。ここでは、そのソグド商人の商業のあり方について具体的に見ていきたい。

ソグド人とソグド語

ソグド人はイラン系民族であり、古くから国際的商業に従事したことで知られる。原住地は、現在のウズベキスタンの都市サマルカンドを中心とした一帯であるソグディアナ地方であった。

サマルカンドはゼラフシャン川の流域にあり、中央アジアの交易路の要衝に位置する都市である。ゼラフシャン川は、南と東の山々からの雪解け水を水源とし、オクサス川（アムダリア川）に注ぐ。その下流には都市ブハラがある。サマルカンドを支配した人々は、複雑な灌漑用水路網を整備していた。サマルカンド周辺には牧草地が広がっており、それは現在でもサマルカンド周辺の特徴である。

ソグディアナは、前六世紀にアケメネス朝ペルシアのキュロス二世に征服された。ペルシアの属州となった時代に、初めて文字が使われるようになった。

前四世紀の末にアレクサンドロス大王によってアケメネス朝ペルシアが滅ぼされたのち、ソグディアナはセレウコス朝シリアやバクトリアの領域となった。その後大月氏国、クシャーナ朝、ササン朝ペルシア、エフタル、突厥などによって支配されたが、その支配は直接的なものではなく、実質的にはほぼ独立していたようである。

アケメネス朝に支配されていた時代には、その公用語のアラム語がアラム文字で書かれているだけだったが、アケメネス朝滅亡後にアラム文字の草書体としてソグド文字が生まれた。

ソグド人は、ソグディアナを中心とする中央ユーラシアで商業活動に従事した。だが、それにとどまらず、武人や外交使節、宗教伝道者、通訳、さらには音楽や舞踏、幻術などの芸能者としても活躍したために、ソグド語は中央ユーラシアの共通語となった。ソグド文字は突厥文字、ウイグル文字、モンゴル文字、満洲文字へと転化していった。

ソグド人は、ゾロアスター教、マニ教、ネストリウス派キリスト教などの宗教をアジアに伝え、ソグド語は、アジア全域の共通語になった。また、万里の長城の塔から発見された四世紀初頭の手紙から、中央アジアのソグド人の居留地の人々は、サマルカンドにある「本家」と連絡を取り合っていたことがわかっている。

ソグド人は東トルキスタンからモンゴル高原、西域諸国を通って中国にも進出した。遊牧帝国である匈奴に服属していたが、六世紀に突厥がモンゴル高原から中央アジアに及ぶ遊牧国家の大帝国を建設すると、その保護のもとで東西の交易に従事した。突厥は軍事力を用いてソグド人を保護し、ソグド人は突厥に対し経済力と文化で報い、相互補完関係にあったようである。

中国にやってきたソグド人は、五世紀以降になると、出身地を中国名に変えて、中国の風俗に合わせた。具体例をいうなら、サマルカンド出身であれば康姓、ブハラ出身であれば安姓とした。八世紀中頃に安史の乱を起こした安禄山がソグド人であったことは有名であるが、その父はブハラのソグド人、母は突厥であったといわれる。

ソグド人は優秀な商人であったため、中央アジア各地の情報を入手することができた。そのため、柔然や突厥などの遊牧国家で、政治・外交・軍事で重用されたソグド人も少なくはなかった。
七世紀になるとサマルカンドが急速に発展し、豊富な貨幣が示すように貿易が拡大した。絹織物や手工業が発達し、ソグド商人により、東西のシルクロードだけでなく、北のウラルへの「毛皮」の道も賑わうようになった。中央アジアや中国で発見された多くの銀製・金製の容器は、西のイランではなく、ソグディアナで製造されたものであった。

ソグド人の国際貿易の始動

荒川正晴氏は、国際貿易商人としてのソグド人の東方活動に関する歴史は、陸上ルートを中心にとらえるなら、次のように四期に分けられるという。

①第Ⅰ期（一〜四世紀）
②第Ⅱ期（五世紀〈もしくは四世紀後半〉〜七世紀前半）
遊牧勢力の台頭とソグド人のステップ地域への進出。植民聚落の拡散と定着。
③第Ⅲ期（七世紀前半〜八世紀中葉）
唐帝国の中央アジア支配とイスラーム勢力の台頭。
④第Ⅳ期（八世紀後半〜）

唐帝国の縮小とイスラーム帝国による東方進出。

本項では、この分類のうち、「第Ⅰ期（一～四世紀）」について論じる。ソグド商人に関する国際的に著名な書物を著したエチエンヌ・ドゥ・ラ・ヴェシエール氏は、次のように述べている。

氏によると、ソグディアナの交易は、前六世紀に開始されたようである。交易品のなかに、インダス文明の輸出品として有名であったラピスラズリがあった。これは、ソグディアナの南東の境界地域に位置する場所でとられたものと推測される。

また、カーネリアンもあったとされる。もしカーネリアンが現実に取引されていたとすれば、インド北西部のグジャラートでとれたものと思われるので、インドとソグディアナの交易が存在したことになるが、本当にカーネリアンであったかどうかは、史料からはよくわからない。

その後も、アレクサンドロス大王の時代にソグディアナで交易がおこなわれていたような史料もあるが、なお判然とはしない。ソグド人の交易が間違いなく確証されるのは、前二世紀のことであり、それは、漢文の史料が出現するからである。中国（漢）の軍隊が、この時期にフェルガナにまで前進した。中国はその後三〇〇年にわたり、タリム盆地に介入することになった。そのため、中央アジアに関する重要な情報がもたらされたのである。司馬遷の『史記』には、「大宛から西、安息までの諸国は、言語はかなり違っていたが、風俗はだいたい同じで、互いに言葉を理解できた。住民はすべてひっこんだ眼をし、ひげがこく、商売上手でわずかの利益を争った」と書かれている。大宛がフェルガナであるとすれば、「商売上手」と評されている人々は、ソグド人ということになる。『史記』はおそらく、ソグド人に言及した最初の文献なのである。

フェルガナにおいては稲と葡萄が栽培され、広大な牧草地と大きな町があった。そして、中国の産品が多数発見されている。また、中国とソグディアナも取引をおこなっていた可能性もあるが、それは継続的な取引であり、散発的なものではなかったようなのである。漢の時代に中国人が初めて内陸アジアの印象を記録したときから、ソグド人は優秀な商人であるとの評判をえていたことは、さきほど述べた通りである。ソグド人の居留地は、交易路の重要な結節点の一つである敦煌などに形成された。敦煌では三一三年から三一四年にかけてのソグド人の書簡が発見されており、中国各地に貴金属、香辛料、布などを商うソグド人の商人ネットワークがあったことを物語っている。

これに関連して、ソグド人の歴史に詳しい石見清裕氏は、こう述べる。

そもそも、内陸アジア乾燥砂漠地帯のオアシス都市は、乾燥農業を基本的な生業とするが、それだけでは物資不足を生じるので、不足を補うために中継貿易や遠距離交易をおこなう。ブハラ（安国、安姓）・サマルカンド（康国、康姓）・タシケント（石国、石姓）・ケッシュ（史国、史姓）といったオアシス都市のソグド人こそが、その代表的な姿である。

（石見清裕「唐とテュルク人・ソグド人——民族の移動・移住より見た東アジア史」『専修大学社会知性開発研究センター東アジア世界史研究センター年報』1巻、二〇〇八年）

ソグド人は、シルクロードの交易に重要な役割を果たしたが、一度も強い国家を樹立したことはなく、むしろ強力な内陸アジア帝国の臣民であったのだ。

荒川氏によれば、第I期に属する一世紀になると、ソグド人は東方世界に進出しはじめた。一世紀は、仏教が東方世界に伝播していった時期でもあった。仏教の儀礼をおこなうに際し、あるいは仏具などの製作などにあたって、とりわけ熱帯産の香料・香木は欠かせないものであった。ユーラシアの東方世界においても、仏教の伝来とその普及にともなって、徐々にこうした香料や香木が流通することになったと考えられる。

また、初期の仏教経典を漢訳したもののなかにソグド人に関する記述が少なくなかったことを考慮するなら、仏教の伝来そのものにもソグド商人がかかわっていた可能性は十分にある。したがって、ユーラシア東方世界における仏教や香料・香木の普及は、ソグド商人の交易活動と密接にかかわっていたと推測されるのである。

玄奘が著した『大唐西域記』では、現在のキルギスに位置するイシク・クル湖付近について、なかでもキルギス北部のトクマクについては、「商胡」という言葉を使っている。これは、各地から集まる商人たちのことであり、とくにソグド人を中心とする商人を指した。

トクマクは、天山北路を通って西に行く道と、西から東に向かう道、中国からは玄奘が通ってきた道が交差する地点であったために、当時はきわめて繁栄していた商業都市であった。この都市以外にも、玄奘は多数の地域に言及しており、その多くでソグド人が商業に従事していた。玄奘はサマルカンドについても触れている。この事実からも、玄奘の旅は、じつはソグド商人の商業路がなければ不可能であったことが推測されよう。

ソグド人は、当初、おそらくはインドとイランの境界地域（ガンダーラ、バクトリアなど）の出身者とともに、タリム盆地や甘粛、中国へ移住するようになった。漢代に、中国の行政的・軍事的介入が東に後退すると、ソグド商人は、それに代わって市場への供給を続けるために、中央アジアから中国に至るすべての中継都市に居住地のネットワークを築くことになった。

絹織物の重要性を十分に認識していた中国が、その製造方法を外国に漏らすはずはなかった。その製法がインドに伝わったのは、三〇〇年を少しすぎた頃のことにすぎなかった。新しい技術と中国の蚕《かいこ》をインドに伝えたのは仏教の僧侶であり、インドにあった天蚕糸の伝統にその技術を応用したのである。そして中国の絹織物の地位は、国際的には徐々に低下していくことになった。

ビザンツ帝国と中国――五～七世紀前半の交易

パキスタン北部の渓谷の岩に刻まれたソグド人の碑文は、ソグディアナからインドへ南下するルートでの彼らの活動を証言している。さらにソグド商人たちは西へも向かい、六世紀にはビザンツ帝国との貿易のための新しいルートの開拓に加わったようである。

絹の流通ルートは、中国の商人→草原の遊牧民→ソグド商人→ペルシアの役人→ペルシアやシリアの工房→ビザンツのコンメルキアリオス（政府貿易官）という交易のパターンが続いていた。それほど長い道程があったのだから、原産地の価格よりもずっと高くなったことは間違いない。また中国からビザンツ帝国に絹が流入するまでの過程で、絹に加工がなされることもあったので、絹の最終的な販売額は大きく上昇することになった。

シルクロードは、ローマ世界に対し、一世紀から安定的に絹を供給してきた。しかしサ

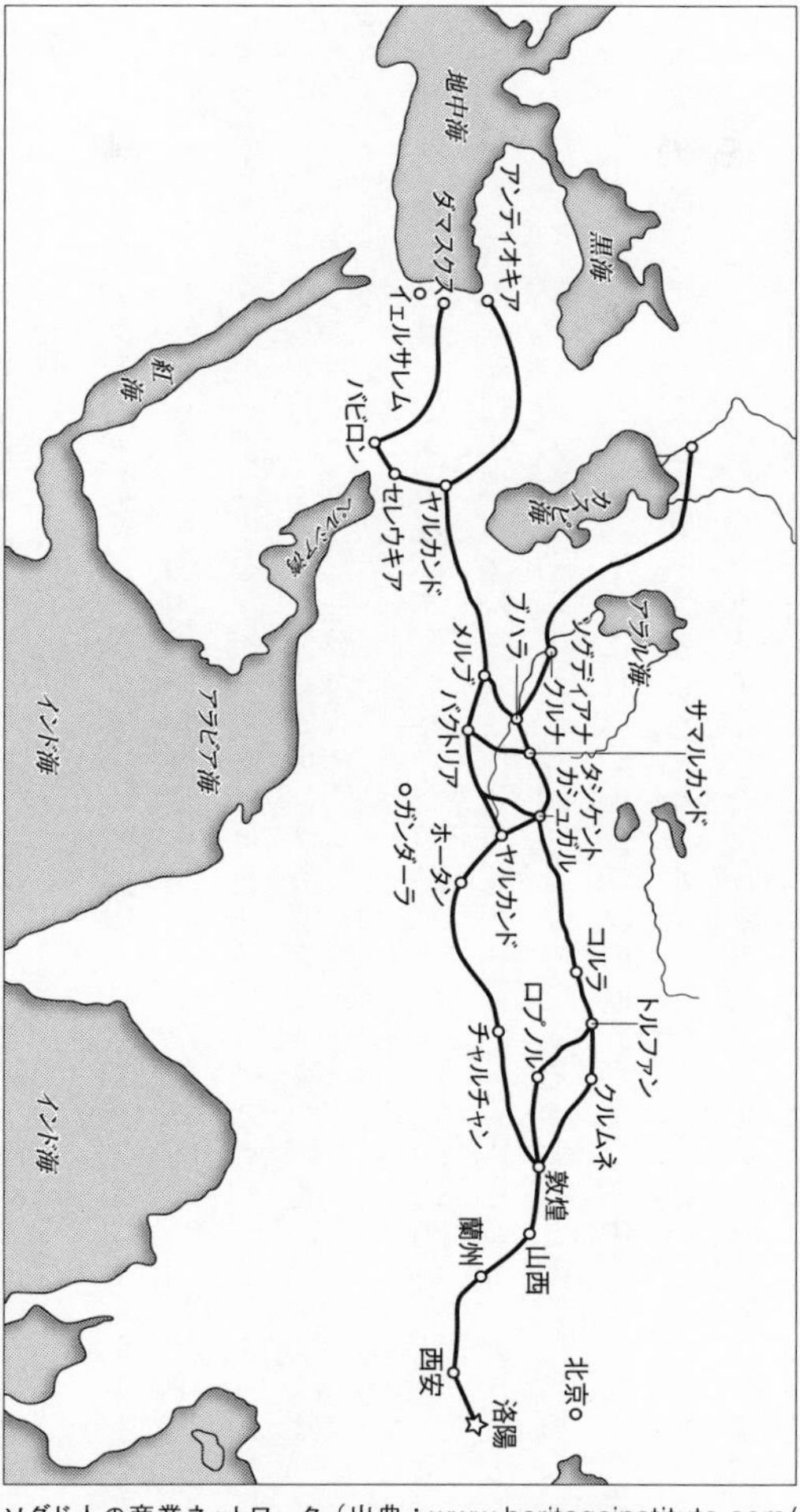

ソグド人の商業ネットワーク（出典：www.heritageinstitute.com/zoroastrianism/sugd/trade.htm 掲載のものを改訂）

サン朝ペルシア（二二六～六五一）が建国されると、絹の輸入は不安定になり、価格が高騰した。ササン朝は、絹の流通を管理し、戦時になるとローマとの交易を遮断したからである。

　そのためビザンツ帝国皇帝ユスティニアヌス一世は、ソグディアナに至るルートを新たに開拓した。そればかりか、帝国内部で養蚕業を発展させたのである。同帝は中国から中央アジアをへて中国の養蚕技術を密輸入することを決め、そのために、ソグディアナにコンタクトをとったのである。すなわち、ビザンツ帝国で養蚕業が発展した背景には、ソグド商人がいたのだ。

　やがてソグド人は、中国に定住するようになった。それが決定的に明らかになった一つの事例は、一九九九年に山西省太原市《たいげんし》晋源区《しんげんく》王郭村《おうかくむら》の古墓から「虞弘墓誌《ぐごうぼし》」が出土し、墓誌文の記述からソグド人の墓であることが判明したからである。北斉と隋代に太原市にはソグド人集落が存在したのである。これ以降の墓誌文の研究からも、中国に少なからぬソグド人が移住してきたことが判明するようになった。

　森安孝夫氏によって、唐とソグド人の密接な関係が証明されている。森安氏によれば、六一七年、李淵《りえん》（高祖）が挙兵し、翌六一八年、ソグド人である安氏がそれを助けた。唐の都長安には多数のソグド商人が住んでおり、彼らによって中央アジアから中国にかけての交通が活発になり、ゾロアスター教やマニ教が中央アジアで広まり、中国にも伝えられることになった。またソグド人は中国社会では商人として活動しただけでなく、武人として活躍したものも多かった。前述した、唐で節度使となり、安史の乱を引き起こした安禄山はソグド人であった。

　唐は建国のときにソグド人に助けてもらっており、安禄山が節度使だったことからも、政府の官僚にまでソグド人がある程度進出していたことは考えられる。ソグド人は、少数民族であったかもしれないが、その影響力、中国の政治においても無視できるほど小さいというわけではなかったのである。

　唐はソグド人のみならず、外国人全体に対しても開かれた国であった。都の長安は百万都市といわれ、ユーラシア世界ではバグダードと並ぶ国際都市であった。また、宗教的寛容性に富んだ国家であり、都の長安の城内には、多数の仏教寺院があった。たとえば、日本の円仁《えんにん》などが学んだ大興善寺《だいこうぜんじ》、武則天《ぶそくてん》（則天武后）が建立した大薦福寺《だいせんふくじ》、玄奘《げんそう》のいた慈恩寺（大慈恩寺）などがそれにあたる。そればかりかネストリウス派キリスト教の寺院（大秦寺）や、ゾロアスター教の寺院である祆祠《けんし》があった。

　日本からの遣唐使を受け入れた背景には、このような事実があったことを指摘しておくべきだろう。進んだ唐の文化を学習したいという意志をもった人々が、ソグド人を含め、多数唐に訪れた。たとえば遣唐使として派遣された阿倍仲麻呂は、七一七年に入唐し、帰国することなく唐で亡くなった。李白・王維《おうい》ら唐の文人と交際して文名が高く、そのため玄宗に仕えた。そしてハノイの安南都護府《あんなんとごふ》に在任し、七六六年には安南節度使となった。外国人がこのような高位に昇ることができたのは、やはり唐が帝国であり、多くの人々を引きつけ、それに対し唐政府も、うまく彼らの能力を利用することが得策だと考えていたからではないだろうか。それはおそらく、唐が鮮卑系だったことと関係していよう。

たしかにソグド人は唐の社会で活躍した。それは唐政府としては、彼らの商業ネットワークを利用することが得策だと考えていたためであろう。ソグド人もまた、それを利用した。唐が利用した外国人は多数いたはずであり、ソグド人はその一部であったとするのが妥当な結論であろう。

唐が管理した商業――通行証と商人保護

荒川氏によれば、唐代には、過所と呼ばれる通行証が、役所から発行されていた。中央アジアのトルファンからは、八世紀前半に商人が実際に携帯していた過所が出土している。

通行証としては、過所以外にも、公験というものが発行されていた。過所は隣接する州を越えて遠隔地まで赴く片道交通を保証するものであり、目的地に到着したあとには携帯していた過所は無効になった。公験は期限付きの州外への出境を可能にし、必ず期日までに州に帰還しなければならなかった。

過所を携帯している商人は、自由に商業活動に従事していた。中央アジアから唐の領内に入ってくる商人は、トルファンなどのオアシス都市で、この過所を取得していたのである。したがってソグド商人が、ソグディアナから自由に唐に入ってくることができたわけではない。

過所はまた、ソグド人のように長距離交易を生業とする商人にとって、安全な長距離移動を保障する重要な手段であった。周知のように、ソグド人は隊商（キャラバン）を組織して移動し、商業を営んだ。過所を獲得することは、唐で隊商を組織し、商業を営む権利を付与されるということを意味したのである。

ここから推測されるのは、中国を含むシルクロードの交易は、必ずしも商人が自由に商業に従事するということではなく、政府が過所を発行することで商人の人となりや商行為の能力を保証したということである。ということはシルクロード交易とは、少なくとも唐代においては、政府による商人の資質保証により実現されたとさえいえるのである。

政府は、商人に商業活動や通行の自由を与えた。それは、政府が武器をもっており、場合によっては武力で商人を保護したということを意味するものであろう。商人はたしかに武器を自弁して、山賊などからの攻撃に備える必要はあったが、それでも国家の保護があった方が、安心して商業に従事することができたはずである。

重要な交易品である奴隷や馬畜については、過所にはその中身が詳細に記入されていた。そして関所や州府などで、その中身が同じかどうかきちんとチェックされた。唐領内においては、商人の往来は決して自由ではなく、国家の厳しい監視下におかれたのである。また、それに従ったものだけが、唐政府による「恩恵」を享受することができた。

森安氏は、ソグド社会は農業社会であったが、商業が目立ったと主張する。そしてソグディアナは、九〜一〇世紀になっても、長距離交易の中心地であった。

奢侈品を扱うシルクロード交易では、輸送途中で高額商品が紛失し、数量がごまかされ、高級品と低級品の入れ替えが頻繁に生じる可能性があった。そのようなリスクに備えて、荷の中身、商品の品質や数量、あるいはどの隊商の誰に預けて送付されるべきかということが、手紙に具体的に記されていた。

商人が印章に朱墨をつけて紙に押せば、その手紙は誰が送ったのか、取引相手の商人はたちどころに理解できた。このように、当初は単なる商品の送り状であった手紙が、それにとどまらず、しだいに個人的な消息の伝達手段となった。さらに商品がない場合でも、手紙だけを独立して送るようになった。このようにしてシルクロードを往来した馬とラクダの隊商は、郵便制度としても使用されるようになったのである。

ソグド社会では、自由人と非自由人は明確に区別されていた。商人は、自由人に分類された。軍人のなかには、非自由人がいた。彼らは貴族や富裕な大商人のいわばボディガードとして雇われていたようである。現在の歴史研究では、前近代社会において、ユーラシア世界全体で奴隷ないしそれに近い人々の労働が多かったことがわかっている。シルクロードにも、それはあてはまるのだ。

おわりに――中国との共棲関係

シルクロードとは、政府の保護下で商人が自発的・自律的に形成した商業用の通路であったことは間違いない。その中心的商人がソグド人であったことはたしかであり、ソグド語は、シルクロードの共通言語となった。じつはソグド人は、七五一年のタラス河畔の戦いで紙の製法が西方に伝播する以前から紙を用いており、その紙は商業のために使われていた。唐とソグド商人の関係を考えるなら、それは当然のことだったといえよう。

中国やローマ、そしてビザンツ帝国は官僚制が発展し、中央集権化した国家である。それに対し中央アジアの遊牧国家は属人的要素が強く、英雄的な国王がいなくなれば、すぐに消滅の危機に直面した。したがって、これらの国々の国制は大きく違っており、中央アジアでシルクロードの商業に従事する人々、なかでもソグド商人が誕生した大きな理由は、おそらくここに求められる。ソグド商人は、政府の保護下で、比較的自由に活動できたものと思われる。

シルクロード商人と中国は共棲関係にあり、どちらかが優勢であったということはできないであろう。中国としても、すべての商人が自国商人であったなら、自由な商業をすることは困難であったと思われる。

しかしこのようななか、ソグド人は徐々に消滅していった。ソグディアナは八世紀中頃にアッバース朝の直接支配下に入り、それ以後イスラーム化が進行していったため、徐々にソグド人としてのアイデンティティが失われていったからである。

九世紀になるとイラン系のサーマーン朝の統治下におかれるようになり、ペルシア語が主流となった。そして、ソグド語を使用する機会は減少した。カラハン朝以後のトルコ系イスラーム諸王朝になると、トルコ語が支配的になっていった。ソグド人は、歴史の表舞台から消えていったのである。

しかし、ソグド人がシルクロード交易で圧倒的に重要な商人であったという事実は消えない。彼らにはたしかに、ユーラシア大陸最大の中間商人として活躍した時代があった。彼らは中国からビザンツ帝国までを取引範囲として、巨額の手数料収入をえたと考えられる。

ソグド人は、次章で述べるアルメニア人ほどではないが、ユーラシア大陸の商業を支えた人々であった。彼らのような商業の民は、歴史上のマイノリティではなく、主役だったというべきであろう。

第六章

イタリア商人・セファルディム・アルメニア商人

地中海から世界へ

七世紀のイスラーム教徒の地中海への侵入以降、しばらく地中海商業は沈滞した。しかし一一～一二世紀頃から、レヴァントとの交易を中心として、イタリア商人が活躍するようになった。地中海にはさらに、キリスト教を信仰する（カトリックではない）アルメニア商人、イベリア系ユダヤ人のセファルディム（107ページ）などの宗教的バックグラウンドをもつ複数の商人が活躍した海となった。そればかりか、地中海は、新世界からアジアにまでつながる異文化間交易圏の一部を形成するようになった。

地中海は、イタリア人、セファルディム、アルメニア人という中間商人が活躍する地域となった。そしてこのような多様な文化が、イタリア・ルネサンスの前提条件になったのである。

イタリアはそんなにも重要だったのか

第四章でも触れたアンリ・ピレンヌ氏は、その著書『ムハンマドとシャルルマーニュ』（中村宏・佐々木克巳訳『ヨーロッパ世界の誕生――マホメットとシャルルマーニュ』講談社学術文庫、二〇二〇年）において、ムハンマドによってイスラーム世界が誕生し、イスラーム勢力により、ヨーロッパ人による古代地中海世界の統一性は打ち破られ、ヨーロッパ世界の中心は内陸部に移ったと主張した。

彼の主張によれば、メロヴィング朝（四八一～七五一）とカロリング朝（七五一～九八七）には断絶があった。メロヴィング朝では、古代ローマ以来の地中海商業が続いていたが、カロリング朝になると、それがついえたというのである。カロリング朝の国王であったカール大帝（シャルルマーニュ、在位：七六八～八一四）は、イスラームが地中海世界を侵略したからこそ帝位につけたのであり、まさに「ムハンマドなくしてシャルルマーニュ（カール大帝）なし」といえると、ピレンヌ氏は主張したのだ。

彼の主張が間違っていたことはすでに見た。地中海が完全にイスラームの海になったことはないのである。しかしそれと同時に、イタリア商人が活躍するようになったことも事実なのである。

一一～一二世紀になると、イスラーム勢力が徐々に地中海から退いていき、イタリア商人の力が強まった。

また農業面では、ヨーロッパでもともとおこなわれていた二圃制農業（小麦の冬作と休閑を繰り返す農法）に代わって、春耕地・秋耕地・休耕地に分けて三年周期で輪作をする三圃制農業が普及し、農業生産力が向上することになった。

イタリアが本格的に香辛料貿易を拡大させたのは、一四～一五世紀頃のことである。しかしながら、商業の復活によりイタリア都市が発展し、その要因の一つにレヴァント貿易があったうえに、中世のイタリアの繁栄には香辛料貿易があったと推測されているのだから、ここで香辛料貿易について目を向けたい。

香辛料貿易で、イタリア商人はたしかに大きな利益を獲得した。しかし、この貿易については、イタリア商人の輸送するルートが、アレクサンドリアからイタリアないし地中海にほぼ限定されていたという事実に目を向けるべきであろう。

イタリア商人は、ヨーロッパ内部で最大の中間商人にすぎなかったのである。

イタリアでなぜルネサンスが生まれたのか

周知のように、ルネサンスはイタリアで生まれた。その先駆的業績として、ダンテ（一二六五～一三二一）の『神曲』がある。

『神曲』は、一四世紀初頭、当時のヨーロッパの共通文章語のラテン語ではなくイタリア語（正確にはフィレンツェがあったトスカーナ地方の方言）で書かれた。この作品は、地獄、煉獄、天国の三部に分かれ、地獄で苦しんでいるのが、イスラーム教の創始者であったムハンマドである。これは、ダンテのイスラーム教に対するかなり大きな偏見を示しているのかもしれないのだ。

当時、十字軍遠征そのものは終わっていたものの、その影響は、まだ残っていたと考えるべきであろう。ダンテには、十字軍によりもたらされたイスラーム世界についての記憶が、ありありと残っていたのかもしれない。イスラーム教の影響は、当時のイタリア、地中海世界、さらにはヨーロッパ全体で強かったとも考えられよう。

ルネサンスとは、「再生」「復活」などを意味する言葉であり、古典古代（ギリシア、ローマ）の文化を復興しようとする文化運動だとされる。この定義からは、イスラームの影響は感じられない。

現在の研究では、たとえばヴェネツィアの建築に、オスマン帝国の影響がありありと見てとれるとされている。地中海は、広大な異文化間交易圏の一部であり、ルネサンスがはじまった頃には、カトリックと東方教会、そしてイスラーム教徒の海であった。イタリア人が古典古代を理想としても、現実には、より文化的にすぐれていたイスラーム世界の影響があったと考えるのは、理にかなっていよう。

イタリアは、強力なイスラーム諸国に直面することで、文化水準を高めていったのだろう。しかし、彼らが理想化したのは、イスラーム教ではなく、古典古代であった。

ユダヤ人セファルディムとダイヤモンド

セファルディムとは、一五世紀末にイベリア半島を追放されたユダヤ人である。一部のセファルディムは、オランダのアムステルダムとロッテルダムに避難先を見つけ、元来の居住地イベリア半島と、外国の植民地との貿易に大きく寄与したことで知られる。

一七世紀から一八世紀前半にかけてユダヤ人は、ヨーロッパが対外進出し、世界的な海洋帝国を形成するのに大きく関与した。その中心となった都市は、アムステルダムとイタリアの自由港（輸入される商品に関税を課さない港）リヴォルノであった。この都市で、もともとポルトガルがインドのゴア（ポルトガルのアジアでの拠点）と取引していたダイヤモンドを、リヴォルノ在住のセファルディムが取り扱うようになり、その対価として地中海のサンゴを輸出するようになったのである。

リヴォルノのセファルディムが地中海のサンゴをインドのゴアに輸出し、ゴア在住のヒンドゥー教徒がダイヤモンドをリヴォルノに輸出するようになったのは、どうしてだったのだろうか。

一八世紀中頃になると、リヴォルノが、世界のサンゴ貿易と加工の中心地となった。サンゴの採取から加工までのすべての過程を一箇所に集中することで、サンゴ輸出のコストは大幅に低下することになる。セファルディムの一部は、そのリヴォルノに定住するようになったのである。

一七二九年にブラジルからの最初のダイヤモンド輸送がおこなわれるまで、インドはダイヤモンド生産の中心であり、そのなかでもっとも重要な場所はデカン高原のゴールコンダであった。

リヴォルノに住み着いたセファルディムは、変化が激しいダイヤモンド市場での取引に必要ないくつかの要素を兼ね備えていた。彼らは秘密を厳守し、広大なネットワークを利用して情報を入手することができた。

さらに、長距離交易で長期の信用を提供し、各地域で異なる交易形態にうまく対応した。また彼らは家族企業を経営していたので、徒弟がいなくても、専門的知識を伝達することができたのである。宗教的マイノリティであった彼らには、家族以外に頼れる人たちはあまりいなかったのだ。

セファルディムと砂糖貿易

ポルトガルの植民地であったブラジルは、一六世紀以降、砂糖の生産量を大きく増やし、ブラジル産砂糖はヨーロッパに輸入されるようになった。ブラジル産砂糖の市場は、フランスやイタリアを含め、多数存在した。当初輸送先の中心はアントウェルペン（現在のベルギーの都市）だったが、やがてアムステルダムへと移り、一六〇九年以降、ブラジル産砂糖の半分以上を吸収した。それに次いで重要な都市は、先述のアントウェルペンとドイツのハンブルクであり、両都市は、アムステルダムと密接に結びついていた。これらの三都市に、ブラジル産砂糖の七五パーセント以上が送られたと推測される。やがてオランダはブラジルのペルナンブーコを占領した。

セファルディムは、旧世界に比べてはるかに自由に商業活動ができた新世界へと積極的に出かけていった。そもそもユダヤ人は、旧世界では差別されており、生きにくかった。移住先は第一にブラジルであったと考えられるが、彼らは、ブラジルから西インド諸島にサトウキビ栽培を拡大させ、オランダのプランテーション植民地が発展する過程で大きな貢献を果たした。

ペルナンブーコが再度ポルトガルの手に落ちた一六五四年には、オランダ人のプランターと彼らが所有する奴隷がカリブ海諸島に到着した。オランダ人の到着以前にもサトウキビは栽培されていたが、彼らこそ、カリブ海諸島に砂糖生産を定着させた人々であった。このようにカリブ海諸島で砂糖が生産されるようになったので、ブラジル産砂糖の独占は崩れていくことになる。

ブラジルのプランテーションで奴隷を所有し、サトウキビの栽培法を知っていたセファルディムの一部が、カリブ海諸島にあったオランダ、イギリス、フランスの植民地に移住し、カリブ海を砂糖の生産の新しい拠点とした。彼らは、「ユダヤ人の奴隷所有者」といわれ、しばしばカリブ海諸島のイギリス領であるジャマイカなどで批判の対象となった。

この時代のカリブ海から北米・南米にかけて、いくつものユダヤ人共同体が見られたが、彼らのほとんどはセファルディムであり、砂糖の生産方法を新世界に広めた人たちだったのである。

新世界で砂糖の生産に従事させられていたのは、周知のように黒人奴隷であった。それに加えて、セファルディムが砂糖の製造方法をカリブ海諸島に広めた。新世界が「砂糖の王国」となり、「砂糖革命」の舞台となったのは、黒人奴隷が西アフリカから、そしてセファルディムがイベリア半島からやってきて住み着いたからである。このどちらが欠けていても、砂糖の生産量が増え、ヨーロッパが豊かになるということはありえなかったのだ。

このようにセファルディムは、新世界からインドに至る広大なネットワークを構築したのである。

セファルディムのビジネス戦略

フランチェスカ・トリヴェッラート氏によれば、セファルディムはマイノリティであり、信頼できる人々は、同じユダヤ人しかいなかった。そのため家族企業を選択し、同胞内部では契約書も作成しないほどの信頼関係があった。もし、あるセファルディムが詐欺的行為をしたとすれば、それはたちまちのうちにヨーロッパ全土に広がるセファルディム共同体に広まり、評判を落とし、取引を続けていくことは不可能になった。

セファルディムが、すべての構成員が無限責任を有する合名会社を選択したのは、無限責任を受け入れられるほど互いの信頼関係が強かったことを意味する。

対照的に異教徒に対しては、きちんと契約を交わした。これは、ユダヤ人（セファルディム）同士ほどには異教徒との取引を信頼していなかったということであろう。ディアスポラの民であるセファルディムは、地理的に拡散しており、地域横断的な家族の紐帯があった。したがってセファルディムは、地域を超えた取引をおこなうことが比較的容易だったのである。

セファルディム商人は、非ユダヤ人とのパートナーシップを、たとえ有限責任でさえ形成することはほとんどなかった。彼らは、血縁関係にある人々に依存することになった。

しかしセファルディム商人の活動が、自動的に、血縁と同一宗派を信じる人々の小さな集団に限定されてしまったわけではない。多くのセファルディムは、たとえ非ユダヤ人とのパートナーシップ契約にサインする気がなくても、非ユダヤ人を実際に委託代理商として雇用した。そうして彼らは、活動範囲を、同一宗派を信じる人々が住んでいなかったり、市場で強い力をもっていない場所にまで広げたのである。そこに、セファルディムの強みがあった。

ユーラシア世界最大の中間商人——アルメニア人

アルメニア王国は、三〇一年に世界で初めてキリスト教を国教とした国であり、これがアルメニア正教会である。アルメニア王国は、現在のアルメニア（旧ソ連邦）とは異なり、小アジアからイランにかけての地域に位置していた中東の地で独自の文化を築き上げた。アルメニアの人々は商人として優秀であり、多くの言語が理解できたため、通訳としても活躍した。

アルメニア人はたびたび国家を失ったが、一六〇六年にサファヴィー朝ペルシアのアッバース一世によって、イスファハーンに新ジョルファー（アルメニア人居住区）が建設されると、一五万人以上のアルメニア人が旧ジョルファーからここに移住し、本拠地とするようになった。

すでにこのときには、アルメニア人はユーラシア大陸のいくつもの地域で商業に従事する民となっており、その居留地は、中東を中心としてヨーロッパにまでおよんだ。

一六世紀のアルメニア人は絹の貿易商人として有名であった。一六～一七世紀のペルシアは、生糸の主要な生産地の一つであり、絹をヨーロッパ、ロシア、オスマン帝国、インドに輸出していた。

ペルシアが絹との交換で輸入していたのが銀で、アルメニア人はその両方の輸送を担っていた。アルメニア人は絹と銀の交換を主要な商業活動にしていたのである。

一六一五年にはアッバース一世が、ペルシアの絹輸出を民間ではなく国家で独占しようとしたことからも、サファヴィー朝にとって、絹が非常に大切な商品であったことが理解されよう。絹との交換でペルシアには銀が流入し、この交換に従事していたのがアルメニア人であった。この交換は、"Silk for Silver"と呼ばれる。

ペルシアにとって、アルメニア人の商業ネットワーク、商業の知識は欠かせないものであった。おそらく近世において、ペルシアにかぎらず、ユーラシア大陸である程度大規模な商業を営もうとすれば、アルメニア商人のネットワークを使わざるをえなかったであろう。しかもアルメニア人はヨーロッパだけでなく、ロシアへの輸送も担っていたのである。

このようにアルメニア人は、ユーラシア世界最大の中間商人であった。

アルメニア商人の巨大ネットワーク

アルメニア人の役割は、それにとどまらなかった。

ヴァスコ・ダ・ガマがインドに到着し、一六世紀以降、インド洋がポルトガルの海になってから、陸上交易は廃れたように思われがちであるが、現実にはアルメニア人を中心とした陸上交易が活発におこなわれていた。

たとえば、イギリス東インド会社はアルメニア人とパートナーシップを結び、ペルシアとの貿易をおこなった。イギリス東インド会社は、現地の言葉、習慣、当局についてよく知っているアルメニア人を利用したのである。

さらにイギリス東インド会社は、アルメニア人を通じて東南アジアとの貿易もおこなった。現在のフィリピンのマニラとも取引し、マドラス（チェンナイ）を拠点にした。マドラスは、インド洋のアルメニア商人の貿易ネットワークの中核の一つとなっていった。アルメニア人は通常陸上交易で知られるが、このように海上交易にかかわることもあった。まさに、そのネットワークは、ユーラシア大陸の大部分におよんでいたのである。さらにアルメニア人はペルシア、インド、インドネシアばかりではなく、ヴェネツィア、リヴォルノ、アムステルダムにも多数移住していた。

アルメニア人と産業革命

一七〜一八世紀の国際貿易において、インドはもっとも重要な拠点の一つであった。インドの繊維品と生糸は、世界市場において最良であるばかりか、もっとも安価であり、綿織物が、大量にヨーロッパに運ばれていた。

一七世紀末になるとアルメニア人は、ムガル帝国のために商業活動をするようになった。アルメニア人の共同体は、インドのアグラで教会と隊商宿を所有していた。そしてマドラス、カルカッタの他、ボンベイや一八世紀にはカリカット（コジコーデ）にも商館を建てた。

そのネットワークは、国境を越えてインド周辺にまで広がっており、チベットでは、貴金属と中国の金が、インドの繊維品、琥珀、真珠と交換された。また一七世紀には、インドネシアのバタヴィア（ジャカルタ）に、アルメニアの船舶があったことが記録されている。

一六世紀において、オスマン帝国はインドでもっとも人気がある生地の模造品を生産するキャラコ捺染《なっせん》工業（インド産の平織りの綿布に色をつける工業）を発展させた。インドのキャラコ（綿織物）は肌触りが良く、比較的安価でよく売れたため、それをオスマン帝国の国内で生産しようとしても、何も不思議ではない。一六三四年になる頃には、首都のイスタンブルに二五の工場があり、染色が落ちない更紗（木綿地の文様染め製品）の生産に特化し、一五〇名の労働者を雇用していたという。これらの工場を所有していたのは、トルコ出身のアルメニア人であった。

アルメニア人は、以上のいくつかのオスマン帝国の地域で捺染工業のカギとなったが、それは彼らがインドで取引をしており、綿織物の製法についての知識や経験を豊富に蓄積していたからだった。

ヨーロッパ人は、アルメニア人から捺染技術を学習することで、ヨーロッパのあちこちに捺染工場を建てていったと推測される。それも、それまでのように小さな規模の工房ではなく、数百人の労働者が働く巨大な捺染工場が建設された。巨大工場によって、捺染のコストが大きく低下したことで、たとえば綿製造業の中心の一つであったフランスのルーアンは、キャラコ捺染の中心地として発展した。

そしてこの時期に起こった重要な出来事は、産業革命であった。産業革命は、一八世紀後半にイングランド北西部のマンチェスターからはじまった。新世界から綿花を輸入し、マンチェスターで完成品の綿織物にするという形態である。このイギリス産業革命は、インドの手織りキャラコに対抗するために、機械化を導入した輸入代替産業であったといわれる。

教科書的な知識では、イギリス産業革命は織布工程と紡績工程の革命であったとされる。たとえば一七三三年に発明されたジョン・ケイの飛び杼《ひ》により、織機の性能は急速に上昇した。さらにハーグリーヴズやアークライトの紡績機により、紡績の水準も急上昇を遂げた。

だがこのような視点に欠けているのは、捺染技術の重要性である。綿織物は織物である以上、それを染色しなければならない。古来、その染色は人間の手でなされ、植物や虫や貝が、捺染用の原料として使用されていた。

産業革命は、織布と紡績だけではなく、この捺染技術も機械化することに成功した。これこそきわめて重要な「革命」的出来事だった。織布や紡績の技術はもともとヨーロッパにもあったが、捺染技術は主としてアルメニア人に由来するものだったからである。

おわりに——ヨーロッパを超えて

ルネサンスの起源はイタリアにあった。イタリアは長期間にわたり、ヨーロッパ人の憧れの対象であった。おそらくルネサンスには、イタリアの中間商人の活躍が関係していた。イタリア商人はレヴァント貿易で、また、香辛料貿易で活動していた。レヴァント貿易においても香辛料貿易においても、イタリアはオスマン帝国に対しては従属的関係にあった。中世から近世にかけてのイタリアは、地中海世界最大の中間商人であったが、彼らが活躍できたのは、ヨーロッパ内部にかぎられていた。

セファルディムはイベリア半島から追放されたユダヤ人であり、新世界からインドに至る広大な交易圏を有した。それだけではなく、地中海商業においても活躍したことは、これまで見た通りである。

イタリアのリヴォルノに住んでいたセファルディムでダイヤモンド貿易に従事した人たちは、地中海のサンゴをインドのゴアに輸出し、ゴアのヒンドゥー教徒が、ダイヤモンドをリヴォルノに輸出していた。

そして、契約文書は基本的にポルトガル語で書かれた。リヴォルノでダイヤモンド貿易に従事したユダヤ人は、ポルトガル出身だったからだ。このような国際貿易のなかで中間商人としてもっとも活躍したのは、セファルディムであった。それが、この時代の国際商業の実態だったのである。

アルメニア人はソグド人と同様、さらには彼ら以上の規模で、ユーラシア大陸の商業で活躍した。ユーラシア大陸の陸上ルートでの商業活動において、一番活躍したのは、アルメニア人であった。

世界の商業が拡大すると、中間商人の役割も拡大した。彼らは、地域と地域、ヒトとヒトを結びつけた。地中海商業は、このような大きな商業ネットワークのなかで見ていくべきである。すなわち、新世界から地中海、インド洋、東南アジアの諸海、ユーラシア大陸、さらには東アジアに至る広大な異文化間交易圏の一部として機能したのだ。そのなかで、中間商人として際立った役割を果たしたのが、セファルディムとアルメニア人であった。

彼らと比較すると、イタリア商人の役割は、あまり大きなものではなかったのだ。

第七章

ヴァイキング・ハンザ商人・オランダ商人

北の海の遺伝子

本章は、北ヨーロッパの二つの海、北海とバルト海をつないだ商人たちの物語である。ヴァイキングは一般に戦士として知られるが、じつは商業に従事する人たちでもあり、彼らを中間商人としてみなすことも可能である。彼らのおかげで、北海とバルト海を中心とする北ヨーロッパの商業圏は統一されていった。その後継者ともいえるのがハンザ同盟の商人（ハンザ商人）であり、北海とバルト海をより強く結びつけた。さらにその後継者となったオランダ商人は、バルト海貿易を母体とし、ヨーロッパ商業の覇権を握るようになった。そしてオランダ商人は、一七世紀には、おそらくヨーロッパで最大の中間商人となったのである。

ヴァイキング——北のフェニキア人

ヨーロッパは南を地中海に、北を北海とバルト海に囲まれている。これまでは地中海での商業の変遷について詳しく見てきたが、本章では北海とバルト海の商業について論じたい。重要視するのは、ヴァイキングである。

ヴァイキングは一般に「掠奪者」として知られる。たとえば、幸村誠氏のマンガ『ヴィンランド・サガ』に出てくるヴァイキングは、掠奪者そのものである。しかし現在の研究では、ヴァイキングはただの掠奪者ではなく、広域で交易活動に従事した人々であったことが明らかになっているのだ。

掠奪と交易を厳密に区別することなど、中世においては不可能であるが、ヴァイキングが建設した都市的遺跡がスカンディナヴィア半島のみならず広い地域で発掘されるようになり、彼らが多様な場所を拠点として交易活動に従事したことが明らかになってきたのである。

たとえば、スウェーデンのストックホルムの西方約二九キロメートルに位置するビュルケ島に、ビルカという町があった。このビルカは、ヴァイキングの交易拠点として知られる。その他にもデンマークのユトランド半島のつけ根のところにあるヘゼビュー（ハイタブ）、イングランド北東部のヨーク、アイリッシュ海のダブリン、フランスのルーアンなどが都市的集落として知られ、交易拠点だったことが考古学的発掘調査により確認されている。

このように、ヴァイキングの交易網は非常に広かったのである。私はヴァイキングを、「北のフェニキア人」と呼んでいる。北海とバルト海からなる周辺の地域を一つの交易圏として統一したのは、ヴァイキングであった。それは、地中海の交易ルートを確立したフェニキア人の偉業と比較可能なほどである。

ヴァイキング時代のスカンディナヴィア社会は、こうした交易都市を拠点とした、高い経済的・社会的流動性を保っていた。この事実が見落とされ、ヴァイキングが掠奪者としてのみ認識されてきたのは、歴史家が彼らによって領土を奪われた人々の史料を使って解釈してきたからであり、その影響は、現在もなお強いのである。

ヴァイキングが単なる掠奪者でなかったことは、一三世紀のアイスランドで書かれた『エギルのサーガ』からもわかる。同書は、ヴァイキングでありアイスランドの農場主でもあり、さらに祖父はノルウェーの農民だったエギル・スカラグリームスソンの生涯を描いたものである。そこでは、ヴァイキングは「ときには交易者で、ときには侵略者」であると表現されている。

そもそも、掠奪だけで大きな社会が維持できるはずもない。彼らは掠奪もおこなっていたが、基本的には交易によって生活した人々だと考えるべきなのである。

ヴァイキングは、北海・バルト海を結びつけ、北ヨーロッパの諸地域で活躍した中間商人なのである。

ヴァイキングの商業圏

じつはヴァイキングの商業もまた、イスラーム商業の拡大と大きく関係していた。イスラームの勢力が七世紀から急速に拡大し、バグダードがアッバース朝の新首都になると、イスラームの長距離交易ネットワークが完成することになった。

ヴァイキングはその中で仲介者＝中間商人として、北ヨーロッパを中心に活動をした。彼らは、バルト海からヴォルガ川を通って黒海、さらにはカスピ海へと東方に移動しながら毛皮や奴隷を輸送し、川沿いの諸市場で販売する見返りに、近東や中央アジアから香辛料、絹、武器、甲冑、そして銀貨を手に入れ、北海・バルト海沿岸へと売りさばいていた。そして、アッバース朝のさらに東部辺境に位置するサーマーン朝とも取引をしていたといわれる。ヴァイキングの交易圏は、驚くべきほどに広かったのだ。

やがて地中海のみならず、北ヨーロッパにおいてもイスラーム・ネットワークによる異文化間交易が盛んになり、ヴァイキングはそのなかで北海・バルト海商業圏を移動する商人としての地位を高めたのである。イスラーム教の影響は、北ヨーロッパにまで強くおよんでいた。

中世のユーラシア経済史をごく大雑把に見れば、イスラーム勢力の拡大がプル要因となり、ヨーロッパ経済が成長した（成長率はともかくとして）といえるのである。これは、当時のヨーロッパ経済の規模が、いかに小さかったのかということを明瞭に示す事実である。

ヴァイキングはある面、モンゴル帝国の人々と似ているかもしれない。モンゴル帝国が戦争ばかりしていたわけでないことは、第四章ですでに述べた。駅伝制など、商業用のインフラを整備することで経済成長を促進した。ヴァイキングも決して掠奪だけに従事していたわけではなく、交易網を整備したのである。

ここでヴァイキングの商業ネットワークのあり方について、少し述べておきたい。ヴァイキングと一口にいうが、デンマーク・ヴァイキングとスウェーデン・ヴァイキングに大きく二分される。北海、さらには大西洋へと航海したのは、デンマーク・ヴァイキングであった。それに対しスウェーデン・ヴァイキングは、川沿いで東に向かった。たとえば彼らはロシアに進出し、ノヴゴロド国を建国した。したがって、イスラーム勢力と交易関係をもったのは、スウェーデン・ヴァイキングであった。

デンマーク・ヴァイキングが西に、スウェーデン・ヴァイキングが東に向かった理由については、スカンディナヴィア半島のどこかで、冬季には河川が凍結する地域があり、それより東に位置するスウェーデン・ヴァイキングが、船だけではなくソリを使用したのに対し、デンマーク・ヴァイキングは、ほぼ船だけを使用することで移動したからだと考えられる。

なおデンマーク・ヴァイキングとしては、九世紀頃からイングランドに侵攻し、東部地域に定住したデーン人が有名である。イギリスでは、デーン人の居住区はデーンローと呼ばれる。

モンゴル人は陸路で、ヴァイキングは海路で移動することが多かったが、いずれも商業活動に積極的に従事した「移動民」だったのである。

ノルマン人とデーン人

ヴァイキングのなかには、ノルマン人と呼ばれる人々もいた。ノルマン人が移動した地域は非常に広く、たとえば、一〇六六年にイングランドを征服し、ノルマン朝を開いたことから「ウィリアム征服王」と呼ばれた、北フランスのノルマンディー公ギヨーム（ウィリアム）が有名である。

ノルマン人は、北方の海から、海上ルートで地中海へと侵入した。じつはこのルートは、のちに北ヨーロッパ諸国が地中海に進出し、海運業を営む際に利用されるルートでもあった。ノルマン人は、のちの時代にイギリスやオランダ、さらにはスウェーデンが地中海に進出するルートをすでに開拓していたのである。

さらにこのルートは、もともとフェニキア人が地中海からブリテン諸島（イギリスおよびアイルランド）へと航海したときに開拓したルートを一部使用し、彼らとは逆方向にノルマン人が移動したのである。ここにも、フェニキア人の遺産が生きていた。

その後イギリスでは、一時はイングランド人がブリテン島を統一するものの、デンマーク・ノルウェーの国王であったデーン人のスヴェン一世がふたたび侵攻を強め、一〇一三年にはイングランドの王位についた。

スヴェン一世の後を継いだクヌート一世（九九五頃～一〇三五）は、それを広大な北海帝国へと発展させることに成功した。しかしクヌート一世の死後、たちまちのうちにそれが瓦解していったのは、デーン朝の統治がきわめて属人的であり、クヌート個人の能力に依存する傾向が強く、法制度などが十分整備されていなかったからである。

ノルマン人もデーン人も、もともと個人的なつながりを重視したため、属人的な国家を形成することが多かった。だからこそ、国王が亡くなると国家そのものが崩壊しかねない状況にたびたび陥ったのである。

これは、ある面、中央アジアの遊牧民の国家と似ている。遊牧民の国家も属人的であったからだ。そればかりか、ヴァイキングが対峙した西欧諸国で徐々に官僚制にもとづいた国家が形成されていき、遊牧民の国家が戦争をした中国もまた、科挙制をベースとする官僚制を発展させていった。

ユーラシアの東と西で、このような類似性が見られたのだ。

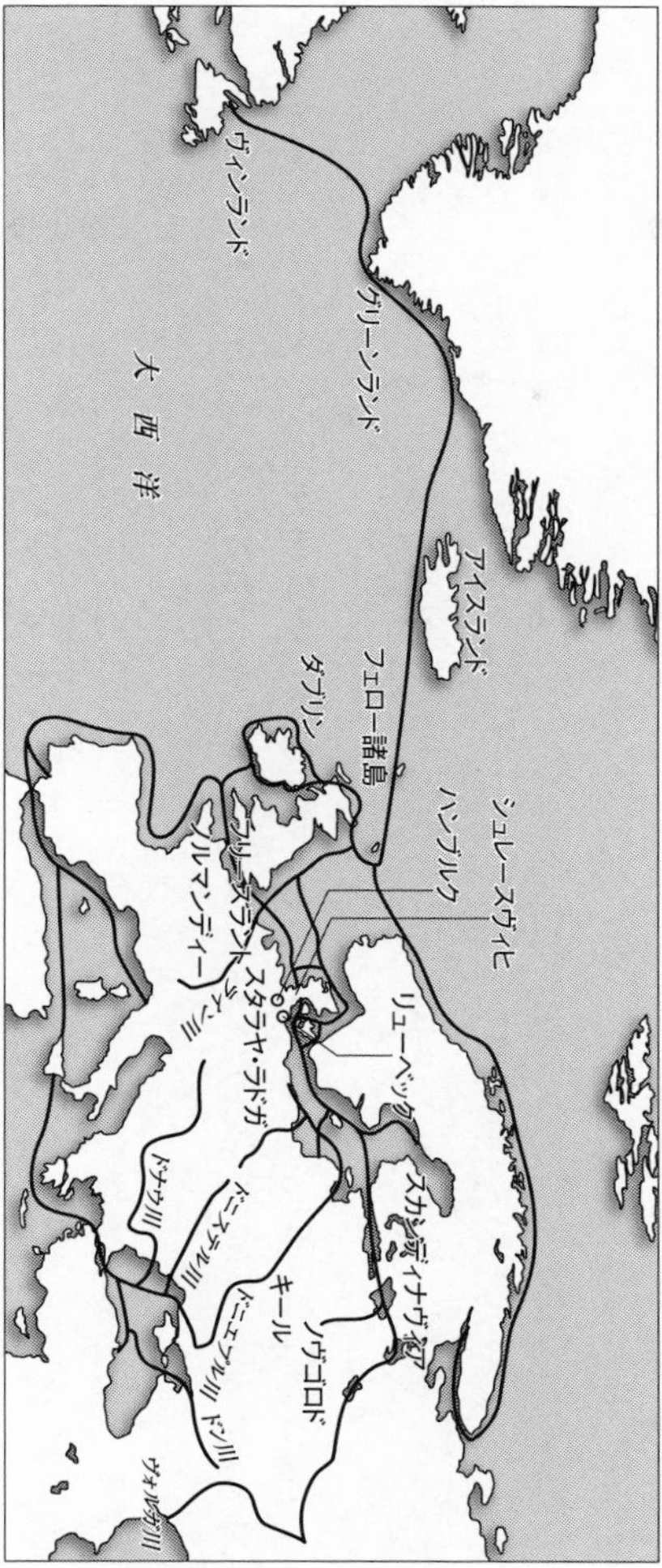
ヴィンランド
グリーンランド
大西洋
アイスランド
フェロー諸島
ダブリン
シュレースヴィヒ
ハンブルク
フリースラント
ノルマンディー
リューベック
スタラヤ・ラドガ
スカンディナヴィア
ノヴゴロド
キール
ドナウ川
ドニエストル川
ドニエプル川
ドン川
ヴォルガ川

ヴァイキングの交易網

ヴァイキングと「商業の復活」の関係

ここでふたたび、第四章で触れたベルギーの歴史家アンリ・ピレンヌ氏の「商業の復活」を引いてみよう。

ピレンヌ氏によれば、ヨーロッパは七世紀以降のイスラーム勢力の地中海進出によって、商業活動が大きく衰え、農業中心の社会になった。そして、遠隔地との取引がほとんど姿を消してしまった。

ところが一一～一二世紀になると地中海からイスラーム勢力が徐々に退き、北海やバルト海では、ヴァイキングによる掠奪が終焉を迎えた。こうしてヨーロッパ周辺の海に、平和が訪れるようになったのだという。

ピレンヌ氏の存命中には、ヴァイキングは単なる掠奪者のイメージしかなかったのかもしれないが、現在では、前述の通りイギリスからロシアに至る広大な商業ネットワークを有する商人として活躍していたという見方が主流である。たとえ時代的制約はあったとしても、これほど広大な商業ネットワークの存在をピレンヌ氏が知らなかったという事実は、「商業の復活」の前提条件が、そもそも間違っていたことを意味するように思われる。

地中海の商業は復活したのではなく、ある程度継続していたし、北海・バルト海を含む商業圏では、むしろヴァイキングによって商業活動が活発になり、商業ルートが新たに開拓されたと考えるべきであろう。彼らこそ、北ヨーロッパの商業ネットワークを築いた人々であった。

もしヴァイキングがいなかったなら、ヨーロッパの商業圏の運命は大きく変わっていたであろう。ピレンヌ氏はヴァイキングの存在を商業的にはマイナスであったと評価したが、私はそのプラス面を強調したい。

たとえば、一一〜一二世紀になると、北ヨーロッパではハンザ同盟が台頭した。これは、北海・バルト海沿岸のドイツ諸都市（リューベック、ハンブルク、ブレーメン、ロストクなど）を中心に結成された商人や都市の商業連合であった。ハンザ同盟の商人は、ヴァイキングが開拓したルートも商取引のために使用した。

ハンザ同盟が活躍するための道をヴァイキングが切り開いたと言っても、決して間違いではない。ヴァイキングの商業ネットワークは、北ヨーロッパ諸国の勃興にも少なからず寄与したのである。

そしてヴァイキングは、紛れもなく北ヨーロッパ最大の中間商人であり、彼らの活動領域は、イスラーム圏にまでおよんでいた。

ヴァイキングの後継者——ハンザ同盟の商人たち

先述のハンザ同盟とは、中世の北ヨーロッパで結成された商人や都市による商業連合である。この同盟は、中世後期の一二世紀頃に誕生した。そして一四世紀に最盛期となり、一七世紀中頃まで存在した。ハンザ同盟の地域は、北海・バルト海沿岸と内陸の北ドイツから西はフランドル、東は現在のポーランド・バルト諸国・ロシアにおよんだ。

中心となった都市はリューベックである。盟主リューベックを中心に、ハンブルク、ケルン、ダンツィヒ、リーガなど多くの都市が加盟し、さらにヨーロッパ主要都市に在外商館を設けた。一四世紀には、対立したデンマークと戦うなど大きな勢力となったが、一六世紀以降、主権国家体制が成立したことで衰退、消滅した。

ハンザ「同盟」というが、じつはこの同盟に規約はない。そのためハンザ同盟とは何かという議論がこれまでなされているが、その結論は出ていない。おそらく、今後も出ないのではないだろうか。

日本ではハンザ「同盟」として知られる北ヨーロッパの都市の商業共同体は、ドイツ語ではHanseという。これは「商隊」という意味であり、「同盟」にあたる単語ではない。ハンザ同盟に属する都市の数さえ曖昧であり、最大で二〇〇ほどあったという説すらある。

しかし、この商業連合の中心に、リューベックが位置したことは間違いない。ハンザ同盟の総会は、基本的にリューベックで開催されたからである。リューベックは、北ヨーロッパの商品流通の中心となった。

現在もドイツでは「ハンザ」という言葉は、独自の意味合いをもっている。たとえば、航空会社のルフトハンザは、「空のハンザ」という意味である。またハンブルクは、正確には「自由ハンザ都市ハンブルク」といい、同市の自動車のナンバープレートには「HH」(ハンザ都市ハンブルク)と書かれているのだ。したがって、実態としてのハンザ同盟は消滅したとしても、イメージのなかには生き続けている。

ハンザ同盟は、ヴァイキングの商業ネットワークを受け継いだのかもしれない。少なくとも、商業圏を見た場合、ヴァイキングの後継者は、ハンザ同盟の商人だといえる。もしヴァイキングがいなかったとしたなら、北ヨーロッパの商業圏の運命は大きく変わったであろう。

ロングシップからコッゲ船へ

ヴァイキングが掠奪者ないし商人として活躍できた大きな理由は、ロングシップを使っていたからであり、ハンザ同盟が台頭してヴァイキングが衰退するのは、同盟の商人によりコッゲ船が使用されるようになったからである。船首から船尾にかけ、城郭のような上部構造をもち、はるかに頑丈なコッゲ船と比べて、背丈の低いロングシップは、戦闘ではまったく不利だったのである。それは、ヴァイキングにとって決定的な問題点であった。コッゲ船は船底が平らであり、海が比較的穏やかで浅いフリースラント（ドイツ・オランダの北海沿岸）沖やシュレースヴィヒ（ドイツとデンマークにまたがる地域）のフィヨルドでの航海に適していた。

北海海域でコッゲ船が確実に使用されるようになったのは、一三世紀初頭のことであったと考えられている。さらに一四世紀初頭になると、南欧の船大工が、外材の端と端とが接するように据えつけていく独自の手法（カラベル船の工法）を用いて、コッゲ船のデザインを模倣するようになった。より大型で背丈の高い船を造り、三角帆ではなく方形帆を船に掲げた。北海やバルト海で、これらの船は、カラック船として知られるようになった。

バルト海地方と北海の貿易は、一二世紀以降、リューベックを通じておこなわれた。より正確にいうなら、この二つの海の商品輸送は、リューベック—ハンブルク間の陸路によってなされたのである。途中で一部、運河が利用されることがあったが、まだ、現在のデンマークとスウェーデンのあいだに位置するエーアソン海峡を航行する海上ルートは使用されていなかった。潮流が速すぎて、当時の航海技術では航行が困難だったからである。

ハンザ都市の通行税

リューベックからハンブルクに送られた主要商品には、蜜蠟《みつろう》、銅、獣脂、皮革、魚油などがあり、ハンブルクからリューベックに輸送された商品として、毛織物、油、薬種、ニシン、石鹼《せっけん》、明礬《みょうばん》などがあった。

137ページの表は、ポンド税台帳といい、ハンザ都市が交戦中に商品にかけた税額を示している。日本のハンザ史研究者は、これを「関税」と訳す。

しかし、表にある商品には、リューベックの商品はほとんどないことに気づくであろう。したがってこの税を「関税」というのは正確ではなく、「通行税」ないし「通関税」という方が、おそらく正しい。

貿易都市において、税は商品が輸出（ex-port＝港から外に）されるか、輸入（im-port＝港の中に）するときに課せられた。「港」からの商品の出入りに、つまりリューベックを通って取引される商品にかけられたのであり、それを関税と訳すなら、この税の本質を見誤ってしまうことになりかねない。

少なくともこのポンド税台帳が作成されたときには、リューベックが北海とバルト海の貿易の流通拠点であったことを物語るのである。リューベック—ハンブルク間を通って、バルト海と北海の商品は流通した。リューベックは北海・バルト海貿易の拠点であり、ハンザ同盟の商人は、北ヨーロッパ最大の中間商人となった。

その商業圏はヴァイキングと比較すると狭かったが、各都市の結びつきはより強くなった。

オランダはなぜ興隆したのか？

リューベックが流通拠点であった時代は、一五世紀末に終焉を迎える。この頃からオランダが、航海の難所であったエーアソン海峡を航行する海上ルートの開拓に成功したからである。

陸上ルートが使われなくなったのではない。陸上ルートよりも、海上ルートでの輸送が多くなり、その差がさらに拡大していったのであろう。実際にいくつかの史料を読めば、一八世紀になっても、リューベック―ハンブルクルートが使われていたことが示唆される。とりわけ奢侈品の輸送は、輸送コストが多少高くても問題ないため、陸上ルートが使われることもあったようだ。

オランダの台頭には、当時のヨーロッパの経済事情が大きく関係していた。「タタールの平和」により、ユーラシア大陸の商業が大きく発展したことはすでに述べた（75ページ）。しかし交易が発展したことで人々の移動が激しくなり、一三五〇年頃、ヨーロッパで黒死

商品名	主たる原産地	輸出	輸入	総額
毛織物	フランドル	120.8	39.7	160.5
魚類	ショーネン（スコーネ）	64.7	6.1	70.8
塩	リューネブルク	–	61.6	61.6
バター	スウェーデン	19.2	6.8	26
皮・皮革	スウェーデン、リーフラント	13.3	3.7	17
穀物	プロイセン	13	0.8	13.8
蜜蠟	プロイセン、リーフラント	7.2	5.8	13
ビール	ヴェント諸都市	4.1	1.9	6
銅	スウェーデン、ハンガリー	2.2	2.4	4.6
鉄	スウェーデン、ハンガリー	2.4	2.2	4.6
油	フランドル	2.7	1.5	4.2
亜麻	リーフラント、北ドイツ	0.4	3	3.4
各種食料品		2.2	1.2	3.4
金銀	不明	0.7	2	2.7
ワイン	ライン地方	1.3	0.9	2.2
亜麻布	ヴェストファーレン	0.2	1.1	1.3
各種商品		39.9	16.6	56.5
計		338.9	206.9	545.8

1368～69年のリューベックの輸出入関税額　（単位：1,000リューベック・マルク）

出典：高橋理『ハンザ「同盟」の歴史——中世ヨーロッパの都市と商業』創元社、2013年。

病（ペストだと思われる）が大流行した。中央アジアの齧歯類《げっし》がペスト菌をヨーロッパに持ち込んだのである。黒死病により、ヨーロッパの人口は三分の二に減ったとさえいわれる。そのため労働者不足が生じ、労働者の賃金は上昇した。しかし徐々に人口が増えると、賃金の上昇率は減少する。やがて人口が増えすぎると、今度は食料不足になる。ヨーロッパでそれが顕著になったのは、一五五〇～一六五〇年頃のことであった。

ヨーロッパには穀倉地帯が必要になり、バルト海地方、なかでもポーランドが、ヨーロッパ最大の穀倉地帯として登場した。そして、その穀物を輸送したのが、オランダのアムステルダム船であった。バルト海貿易は、オランダの「母なる貿易」といわれ、オランダに巨額の利益をもたらした。それは、オランダがヨーロッパ最大の中間商人となったからである。

オランダがバルト海貿易で使用していた船舶は、フライト船と呼ばれる非武装商業船で、輸送コストが桁外れに低かった。続いてさまざまな国が、フライト船に輸送をゆだねたことがそれを示している。フライト船の積載スペースはほぼ正方形で、そのため積載量は多かった。この当時、地中海地方と異なり、バルト海地方には海賊はおらず、したがって武装商業船の必要はなかったからである。

オランダ船の多くは、ダンツィヒからアムステルダムに向かった。さらにそこから、他地域に輸送されることになった。この時代の西欧は、貿易面からみれば、穀物をダンツィヒからアムステルダムに輸送することから成り立つ「ダンツィヒ―アムステルダム枢軸」を中心に動いたといっても過言ではなかった。

一六世紀末から、穀物を積載したオランダ船が地中海にまで進出するようになったことで、オランダは、北ヨーロッパだけではなくヨーロッパ全土の中間商人となった。そのため一六世紀後半から一七世紀前半の時代に、オランダが経済的覇権を握ることができたのである。

おわりに――北海とバルト海の重要性

地中海とは異なり、北海・バルト海の商業発展は、これまであまり関心をもたれてはこなかった。しかし地中海からではなく、むしろ北海に面するオランダやイギリスから資本主義が形成されたことを考えるなら、それは奇妙だといえよう。

本章では、ヴァイキング、ハンザ同盟の商人、そしてオランダ人と、北ヨーロッパの中間商人の変遷を見た。オランダは中間商人として、イタリアよりも重要になった。それは、同時に地中海よりも北海・バルト海が経済的に重要になったことを意味している。

北海に面するオランダとイギリスは、海運業を発展させた。しかし、この二国には大きな差異があった。オランダ人は中間商人であったのに対し、イギリス人は大英帝国内部の海運を自国船でおこなったにすぎなかった。イギリスが中間商人として活躍するようになったのは、一九世紀後半のことである。

第八章

ポルトガルとスペイン
大航海時代の運び屋たち

大航海時代とは、一五世紀中頃から一八世紀中頃にかけて、ヨーロッパの船舶が世界で活躍した時代のことをいう。その先駆けとなったのは、ポルトガルとスペインというイベリア半島の二国であった。

両国とも海外に植民地をもち、政治的に支配した。だがそれにとどまらず、世界の運び屋としても活躍したのだ。商人は、ときには政府と結びつき、ときには政府から独立した自律的な組織をつくり、世界中に商品を輸送したのである。

大航海時代になり、世界はどんどんと一体化していった。ポルトガル商人とスペイン商人は、その先駆けだったのである。

スペインとポルトガルの「世界分割」

ここではまず、イベリア半島の二国が世界に進出し、世界を分割するようになった理論的根拠について述べてみたい。

キリスト教の立場からすると、世界は神が創ったものなので、どの土地をどの国が所有するのかは神が、さらにはその代理人であるローマ教皇が決定できる。したがってローマ教皇には、世界を分割する権利があるということになる。この考え方が、スペインとポルトガルによる世界分割へとつながった。

まずアルカソヴァス条約（一四七九年）が結ばれ、「スペインとポルトガルが世界を分割すべし」として、両国の海外領土が明確に定められた。スペインがカナリア諸島を領有し、ポルトガルはアフリカ沿岸、マデイラ諸島、アゾレス諸島、カボヴェルデ諸島を領有することになる。

この状況は、一四九二年にスペインの援助により新世界が「発見」されると、大きく変化することになる。教皇アレクサンデル六世によって、「教皇子午線（ヴェルデ岬諸島の西方一〇〇レグア（一レグアは約五・五キロメートル））を境界として、西側をスペインに優先権をもたせる」と決められたのである。

これに対して、不利な決定をされたポルトガルが抗議した。そのため二年後の一四九四年に、境界線を西側に一九〇〇キロメートルほどずらすことに両国が同意し、新たに境界線を定めたトルデシリャス条約が結ばれたのである。

この条約はさらに変更されることになった。一五二二年にマゼラン一行が世界一周を達成し、地球は球体で、一本の線で分割することはできないとわかったからである。そもそもこの係争では、香辛料を産出するモルッカ諸島の領有が両国の最大の関心事であった。

そこで一五二九年になると、世界が東経一四五度三〇分を通過する子午線によって分割されることが定められた。これより西側はポルトガル領、東側がスペイン領になり、モルッカ諸島はポルトガル領になった。つまり東南アジアのほとんどはポルトガルが領有するようになったのである。この頃は、ポルトガル史では「最初の黄金時代」と呼ばれる。

むろん実際の領有にあたっては、ポルトガルに強大な軍事力があったこと、さらには大航海時代を経験し、東南アジアの人々よりもすぐれた航海技術をもっていたことが有利に働いていた。ポルトガル人が日本に来航したのは、このように植民地主義的な状況下のことであった。

つまり世界分割とは、カトリックのまったく勝手な理屈であったのである。だがそれはカトリックにとどまらず、プロテスタント諸国も受け継ぎ、ヨーロッパの帝国主義を正当化する理論へと変貌していった。

そしてこの理論は、ヨーロッパが世界に進出し、各地を植民地化し、世界の商品を運ぶ中間商人になることを可能にしたのである。

大航海時代はなぜはじまったのか――サハラ縦断交易

ところで、大航海時代はなぜはじまったのだろうか。そもそも地中海北部と南部は、古代ローマによって政治的に統一されていた。だが、それにとどまらず、地中海世界は商業的に一体化した空間でもあった。それを形成したのがフェニキア人で、フェニキア人の後継者が、ローマ人だったことは第二章で見た。

そのような統一性は、七世紀のイスラーム勢力の侵入により瓦解した。以降おおまかにいえば、地中海北部はヨーロッパ人の、地中海南部（アフリカ北岸）はイスラームの支配下となった。

ヨーロッパ人にとって、これは大きな問題であったことはいうまでもない。その理由の一つとして、西アフリカからの金《きん》を、イスラーム商人の手をへなければ入手できないということがあった。

一〇世紀中頃になると、ラクダを利用して、サハラ砂漠を南北に縦断するサハラ縦断交易が成立した。ラクダは数日間水を飲まなくても死なず、食べられる食物の種類も多く、砂地でも歩行でき、積載できる重量は三〇〇～三五〇ポンドあった。そのため、ラクダが使用されたのである。

この交易で取引される主要な商品は、岩塩と金であった。ただし、この二つの商品がそれぞれの生産地で取引されていたわけではなく、どちらの商品も中継貿易のためのものであった。ここでも、中間商人が活躍していたのである。そして中継貿易の拠点として、トンブクトゥ（現在のマリ共和国）が台頭した。正確にいえば、一〇三〇～一〇四〇年頃に、現在のマリ共和国北端に位置するタガザで、良質な岩塩鉱が開発されたためだ。

そしてラクダの背に積まれて、ギニアから大量の金がヨーロッパにもたらされた。その金は、とくに地中海沿岸地域の人々にとって、大きな価値があった。またアフリカには、北アフリカに建国されたムラービト朝（一〇五六〜一一四七）、さらにモロッコに興ったムワッヒド朝（一一三〇〜一二六九）によって、イスラーム教が導入されたため、北部にとどまらず中央部に至るまでイスラーム勢力が支配する地域となった。イスラーム教徒によるヨーロッパ包囲網は、さらに強まっていった。

マリ帝国とソンガイ王国

一二四〇年に建国されたマリ帝国（一二四〇〜一四七三）の領土は大きく、セネガル川の北部から、ガンビア川の南部にまで達した。マリ帝国は商業促進政策を採用した。さらに政治的に安定していたので、経済的繁栄を享受することができた。モロッコの旅行家イブン・バットゥータ（一三〇四〜一三七七）は、アフリカ、インド、中央アジア、中国、ビザンツ帝国などを旅行し、『大旅行記』を著したが、マリ帝国の法による支配に強く印象づけられている。

マリ帝国の国王としては、マンサ（カンカン）・ムーサ（在位：一三一二〜一三三七）がおそらくもっとも有名である。彼はメッカ巡礼に際し、大量の金を奉納したといわれるが、これは西アフリカに、いかに多くの金が埋蔵されていたのかを示す典型的な事例である。また、トンブクトゥやジェンネなどの交易都市が大きく拡大した。この二都市はニジェール川を行き来する船によって商品が運ばれ、トンブクトゥからはサハラ砂漠から運ばれた岩塩が、ジェンネからは森林地帯から運ばれた岩塩が交換された。マリ帝国の経済的基盤は、この塩金貿易にあり、中間商人が活躍していたことが推測される。マリ帝国には伝統的な宗教があったが、しだいにイスラーム教の力が強くなっていった。

マリ帝国を倒して建国されたソンガイ王国（一四六四〜一五九一）は、西スーダンの大部分を支配下におさめ、北アフリカとの交易（サハラ縦断交易）によって栄えた。北アフリカの旅行家であったレオ・アフリカヌスは、一六世紀初頭にソンガイ王国の首都であったガオを旅行し、長距離交易が西アフリカの生活に与えた大きな影響について述べている。

サハラ縦断交易はこのように発展していったため、ポルトガルが陸上ルートで参入し、西アフリカに到達することは不可能であった、ポルトガル人は、海上ルートによりアフリカに進出するほかなかったのである。

ポルトガルの沿岸交易

西アフリカへの海上ルートによる進出を考えたポルトガル人は、エンリケ航海王子（一三九四〜一四六〇）であった。この王子は船酔いがひどく、自分では航海に参加することはできなかったが、一四二〇年にマデイラ諸島、一四三一年にアゾレス諸島にポルトガル船が到達するなど、ポルトガルは、アフリカ大陸をどんどん南下していった。そして一四四四年にサハラ砂漠の最南端に達した。

そのためイスラーム教徒によるサハラ縦断交易に依存することなく、直接アフリカ南部の金を入手できるようになった。ポルトガルは一四八〇年になると、マリ帝国の首都であったトンブクトゥに達し、一四八八年にはポルトガルの探検家バルトロメウ・ディアスが喜望峰に到着した。

ポルトガルは、海上ルートでギニアから金を輸入することを主要な目的としてアフリカに出航したと考えられる。一四九〇年になると、ポルトガル人はアンゴラ海岸部ルアンダに植民し、ここに奴隷貿易の拠点を築いた。このときには、大航海時代ははじまっていたといえよう。一四九四年にはトルデシリャス条約が結ばれ、そして一四九八年、ヴァスコ・ダ・ガマが率いる艦隊がインド西岸のカリカットに到着した。ポルトガルのアジア進出が本格的に開始されたのである。

これ以降、ポルトガルはアジアへの進出を強める。それは、軍事革命を経験したヨーロッパには火器があり、アジアよりも軍事的に強くなっていたからである。ポルトガル国王マヌエル一世は、一四九七〜一五〇六年のあいだに合計八回、インド遠征隊を送った。一五〇三年には、アフォンソ・デ・アルブケルケが率いた一一隻の艦隊が、カリカット軍に占領されたインド南西部のコチンの援助に向かい、カリカット軍を撃破した。そしてクィロンに商館を建てた。

一五〇五年になると、フランシスコ・デ・アルメイダが一五〇〇名の船員とともにポルトガルを出航し、インド洋でキルワを植民地化し、要塞を建設した。さらにアンジェディヴァ島、カナノール、コチン、ソファラに要塞を建設した。

一五〇九年には、アルメイダがアラビア海でのディウの海戦でイスラームのマムルーク朝艦隊を破り、ポルトガルのアラビア海支配は決定的になった。ディウがイスラーム商人に残された最後のインド西岸の重要拠点だったからである。ヨーロッパは、ようやくイスラームに勝利したのだ。さらにアルブケルケが一五一〇年にはゴアを占領し、強固な要塞を建設した。ゴアは、ポルトガルのインドにおける拠点となった。

ポルトガルのアジア貿易にとっては、東南アジアのモルッカ諸島を占領することが何よりも大切な課題であった。というのも、宿敵スペインが太平洋経由でのモルッカ諸島到達を目指していたからである。アルブケルケは、一五一一年にマラッカ王国を滅ぼす。マラッカにアファモサ要塞を建てたアルブケルケは、さらに一五一二年には、モルッカ諸島に位置するテルナテ島に到着する。また、モルッカ諸島の探検艦隊を派遣し、それはバンダ諸島に到着した。一五一五年には、ペルシア湾のホルムズ島を完全攻略することに成功した。

このようにして、ポルトガルはモルッカ諸島にまで到達したのであった。ヨーロッパは、非常に長期間にわたり、香辛料を東南アジアから輸入しており、東南アジアからヨーロッパまでのルートの多くで、非ヨーロッパ船が使われていた。しかし、ここではじめて、ヨーロッパ人が直接香辛料を輸入する可能性が生まれることになったのである。

イタリアとポルトガルの違い

ヨーロッパがアジアから香辛料を輸入しなければならない一方で、ヨーロッパがアジアに輸出できるものは、ほとんど何もないという構造が、非常に長いあいだ続いていた。ヨーロッパとしては、アジアとの貿易収支の赤字を補塡するために、銀を輸出するほかなかった。貿易収支から判断するかぎり、当時はアジアの方がヨーロッパよりも経済力があったと判断できる一事例である。

香辛料はインドに送られ、ペルシア湾をへてエジプトのアレクサンドリアからイタリアに送られた。ここからも、全ルートのなかで、イタリアが占める小ささがご理解いただけるであろう。少なくとも交易距離から考えるなら、イタリアは香辛料貿易の担い手としては重要ではなかったのである。イタリアは、ヨーロッパにとっては重要であったかもしれないが、香辛料貿易のルート全体からみれば、大した役割は果たさなかったといえよう。このルートでもっとも長距離の輸送を担ったのは、おそらくイスラーム商人であった。この交易において、ヨーロッパ商人の占める割合はかなり小さかった。東南アジアからヨーロッパまで、異なる宗教や文化的バックグラウンドをもつ商業圏がつくられ、そのなかで、ヨーロッパの商業圏はあまり大した役割は演じていなかったのである。

しかしその一方で、ヨーロッパが徐々に経済力を強めていったことも事実である。ただし、そのスピードはじつにゆっくりとしたものであり、ヨーロッパがアジアと経済的に対等となったといってもよい時期は、一八世紀まで待たねばならない。

それは、この異文化間交易を東から西ではなく、西から東へと向かうことによって可能になった。逆にいえば、香辛料がヨーロッパに輸送されるルートがそもそも存在したからこそ、そのルートを利用して、ヨーロッパは台頭することができたのである。

イタリアとは異なり、ポルトガルは自国船で喜望峰を通って東南アジアまで赴き、そこからヨーロッパまで帰ったのである。そこにイスラーム商人はあまり介在しなかった。ポルトガル人は日本まで来て、日本から中国に輸出される銀と、中国から日本に輸出される生糸を輸送したのである。

イタリア商人は、ヨーロッパ内部のみの中間商人であり、ポルトガル商人は、世界全体の中間商人だったのである。

スペインと新世界

スペインでは、長年にわたり、レコンキスタ（国土回復運動）が進んでいた。イスラーム教徒を、国土から追い出そうという運動であり、それは一五世紀になると本格化した。

一四六九年、カスティリャの王女イサベラとアラゴンの王子フェルナンドが結婚した。そして一四七九年にフェルナンドがアラゴン王として即位し、両国は統合してスペイン王国となり、二人によって共同統治された。同王国は一四九二年一月、イスラーム教国ナスル朝の最後の拠点グラナダを陥落させ、イスラーム勢力はイベリア半島から撤退し、レコンキスタが完成することになった。国家統一の喜びにうかれたスペインは、コロンブスによる航海を後押しすることになる。

周知のように、コロンブスの目的はインドに航海することであった。しかし実際には、コロンブスは現在のカリブ海地域に到着したのである。

スペインと新世界との関係は、コロンブスの新世界到達からはじまった。コロンブスが死ぬまで自分はインドに到達したと考えていたのとはうらはらに、彼が発見した土地が、それまで未知の場所であったと判明するのに、あまり時間はかからなかった。

スペイン人の中には、新世界に出かけて一攫千金を狙おうという人々も出てきた。彼らは、コンキスタドール（征服者）と呼ばれる。インカ王国を滅ぼしたフランシスコ・ピサロや、アステカ帝国を滅亡させたエルナン・コルテスが、コンキスタドールの代表的人物である。彼らはアメリカ大陸の黄金を略奪し、南米の多くの地域を植民地としていった。現在の南米で、ブラジル以外のほぼすべての地域でスペイン語が公用語となっているのは、それが大きな理由である。

砂糖とカカオ

スペインは一五一七年、はじめて西アフリカからジャマイカに黒人奴隷を連行した。すなわちこのときスペインは、新世界に初めてサトウキビを持ち込んだのである。

すでにコロンブスは一四九三年の第二次航海で、サトウキビを積載していた。そのためイスパニョーラ島から、スペインの砂糖生産がはじまった。スペイン政府は、カリブ海地域における精糖業を支援し、多数の黒人奴隷が送り込まれた。一七一七年にいたるまで、セビーリャが新世界との貿易をほとんど独占することになった。

スペインがハプスブルク帝国に編入されると、フッガー家をはじめとするドイツの金融業者とのつながりが強化された。さらにアントウェルペンという世界金融の中心と直接結びつくことができた。そのためスペイン経済は、スペイン領ネーデルラントのいわば衛星となってしまった。

セビーリャの商人は、フランス、イギリス、ポルトガル、ドイツ、オランダなどの商人の代理商と化す。植民地からスペインに輸入された商品は、主としてアントウェルペンを経由して全ヨーロッパに輸出されてしまい、さらに戦争も加わり、スペイン財政は大きく悪化した。

最初に新大陸にサトウキビをもたらしたのはスペインであった。だが非常に例外的なことだが、砂糖の輸出が経済的にもっとも重要だとはいえなかった一七世紀においては、カカオの輸出こそがスペインの中米貿易の生命線であった。一七世紀に現在のベネズエラからメキシコに輸出されるカカオの量は大きく上昇する。そのカカオは、スペインの大西洋貿易における最大の貿易港カディスに大量に送られた。

スペイン領中南米の砂糖輸出は、一九世紀に入ってから重要になった。たとえば一八二〇年代には、キューバからハンブルクに大量の砂糖が流入している。さらに一八四〇年代になると、キューバは世界最大の砂糖生産地となった。キューバの奴隷貿易数が大きく上昇するのは、それが大きな原因であった。

中南米の銀の三つの輸送ルート

一五四五年、現在のボリビアにあたる地域に銀山（ポトシ銀山）が発見された。さらにポトシ銀山以外にも、中南米に銀山が発見された。そこからの銀はスペインに流入したが、同国にとどまらず、アントウェルペンに送られた。それは、アントウェルペンがヨーロッパ経済の中心的な都市であったと同時に、スペイン以外にもいくつもあるスペイン王フェリペ二世の領土のなかで、もっとも重要な経済都市だったからだ。

ポトシ銀山の銀生産量に関する推計の一つによると、一五七一〜一五七五年が年平均で四万一〇四八キログラムだったのが、一五九一〜一五九五年には二一万八五六〇キログラムへと大きく上昇している。

その銀の多くは、中国に輸送された。この当時、中国は世界でもっとも豊かな国であり、ヨーロッパは銀以外に輸出できるものはほとんどなく、また中国の税制は銀納を基本としており、そのために銀の輸入が必要とされたからである。

そして一五七一年には、スペイン人により、フィリピンのマニラが建設された。この都市はスペイン人にとってアジアでもっとも重要な都市になった。

一六五〇年のマニラには、約一万五〇〇〇人の中国人、七三五〇人のスペイン人、二万一二四人のフィリピン人がいた。さらに、鎖国のために帰国できなくなった日本人もいただろうし、アルメニア人がいたことも確認されている。マニラは、まさに異文化間交易の中心であった。だからこそ、スペイン人も比較的容易に貿易に参入できたのである。

新世界から中国に銀が輸送されるルートは、主として三つあった。第一に、メキシコのアカプルコからマニラまで、スペインのガレオン船によって運ばれるルートである。その銀は、最終的には中国へと運ばれた。スペインのガレオン船は四～五本の帆柱をもち、安定性に欠けており、転覆することもあったが、喫水が浅く、スピードが出る船で、砲撃戦にも適していた。

一六世紀終わり頃から一七世紀前半にかけ、アカプルコからマニラへの輸出の多くは非合法だったので、輸送量を推計することは困難である。とはいえ、一六〇二年のメキシコ当局によれば、毎年の銀輸送量は、通常一四万三七五〇キログラムだったのに対し、一五九七年の総計は、三四万五〇〇〇キログラムと大幅に増えている。

第二のルートとして、かなりの銀が、メキシコからパナマ地峡をへてスペインのセビーリャに送られ、そこから非合法的にポルトガルに輸出された。その銀は、リスボンから喜望峰を通り、インドのゴアまで輸送された。さらにポルトガル人は、一六世紀後半から一七世紀初頭にかけ、ゴアからマカオに、毎年六〇〇〇〜三万キログラムの銀を運んだとされる。

第三のルートは、新世界からセビーリャに合法的ないし非合法的に運ばれた銀が、ロンドンやアムステルダムに運ばれ、さらにそれが英蘭の東インド会社によって東南アジアに輸送され、中国産の絹、陶磁器と交換されたルートである。

輸出される日本の銀

新世界の銀に加えて、日本の銀も大量に中国に輸出されていたことはよく知られる。日本は中国から綿、絹、生糸、茶などを輸入しており、その代価として銀を輸出していた。この当時、日本の銀生産高は、世界の三分の一を占めたとさえいわれる。

一五八〇年頃から、ポルトガル人は毎年二〇トン程度の銀を輸出していたと推計されている。この銀は、主として中国に流出したが、このポルトガル人の多くは、イエズス会士であった可能性が高い。ポルトガル人は、中国で購入した生糸・絹織物を積載して日本に来航し、これらの商品を銀（石見銀）に換えて東南アジアで香辛料を購入するという中継貿易をしていたのである。

また石見銀山の銀は、たしかに中国に輸送される比率が高かったが、東南アジアにも送られていた。これは、ポルトガルが東南アジアに植民地をもっていたからこそ可能であり、このようなネットワークは、東南アジアの商人、さらにはポルトガル商人が築いたネットワークの上に構築された。"Silk for Silver" という貿易形態は、日本にもあてはまったのである。

日本からの銀の輸送範囲は、新世界の銀と比較すると圧倒的にせまかった。したがって、流通の観点から考えるならば、新世界の銀の方がはるかに重要だったのである。

おわりに——巨大化する商業圏

これ以前の諸章では、中間商人はまだ世界的な活動をしてはいなかった。ポルトガルとスペインというイベリア半島の二国により、中間商人は世界的な活躍をする人たちになった。

ポルトガルは、西アフリカの金を入手するために、イスラーム教徒が支配的であったサハラ縦断交易を避けてアフリカを南下した。西アフリカに到着したのちにもさらに南下を続け、喜望峰に到達し、インドに向かったばかりか、東南アジア、さらには日本にまで到着したのである。そして日本—中国間の中継貿易に従事した。

それに対しスペインは、西に向かった。コロンブスによる新世界「発見」後、中南米を植民地化し、新世界の銀を、太平洋を経由してマニラにまで輸送した。

ポルトガルとスペインは、それまでの中間商人と比較して、圧倒的に大きな商業圏で活動した。それが、大航海時代の大きな特徴となったのである。

第九章

中間商人としての大英帝国

運び屋から手数料ビジネスへ

イギリスは一八世紀後半に世界最初の産業革命を実現したが、貿易収支が黒字になることはほとんどなかった。すなわち世界最初の工業国家イギリスが、工業製品で儲かったことはかなり少なかったのである。

一九世紀末になると、イギリス経済の中心は、金融業やサービス業となった。商船隊が発展したイギリスで世界の商品の輸送を担い、さらにロンドンで国際貿易の決済が、主としてイギリス製の電信を用いてなされるようになる。電信がイギリス経済を支えるようになり、イギリスは世界経済の覇権国になったのである。

イギリスはヒトとヒトを結びつけるのではなく、電信を媒介とする中間商人国家に変貌することで巨額の利益をえたのである。イギリスは、インビジブルなものを商業の媒介としたのだ。電信はまた、コミッションビジネスを大きく変え、イギリスに膨大な手数料をもたらすことになった。

第八章までは、ヒト、モノ、カネ、情報は一体となって移動していた。しかし、電信の誕生により、カネと情報はヒトとモノの動きから離れることができた。ヒト以外の中間商人として電信が登場し、カネと情報を伝えることになった。

消費財の増加

「織物」というと、商品の「生産」ということが頭をよぎるかもしれない。だが重要なのは、織物とは消費財であるということである。その消費財が増えていくことが、社会が豊かになるということなのである。市場経済が成長すると、人々は、家庭でつくるよりはるかに多くのモノを入手することができるようになった。ヨーロッパ経済は、そのようにして発展したのである。

その過程は、ヨーロッパの対外進出と大きく関連していた。新しくヨーロッパ人が市場で入手した商品は、ヨーロッパ内部で生産されたものではなく、ヨーロッパ外世界から輸入されるものが多かった。コーヒーや紅茶、さらには綿《めん》がそれにあたる。

綿は、もともとインドで生産されていたが、中国などにも生産地ができるようになった。ヨーロッパの気候は寒く、ほとんどの地域で綿花を栽培することはできなかった。ヨーロッパに残された選択肢は、ヨーロッパ外世界で、綿花を栽培することであった。そこで新世界で綿花を栽培し、それを本国に輸入して綿織物としたのである。

「世界の工場」

大西洋貿易とは、西アフリカから新世界に奴隷を供給し、そこで砂糖を生産するというシステムであった。一八世紀、とくにその後半のヨーロッパで、もっとも儲かるビジネスは、砂糖ビジネスであった。

ヨーロッパ各国が、新世界に植民地を所有し、砂糖プランテーションを形成しようとした。イギリスもカリブ海諸島に植民地をもっていたが、それに加えて、西インド諸島で奴隷が綿花を栽培し、それを本国で完成品の綿織物にするというシステムの構築に成功した。

イギリスは、捺染に必要な原料を新世界とインドから、そして綿の原料である綿花は新世界から輸入することになった。インドでは、綿織物に必要な素材は近くの土地にあったのだが、イギリスはそれを、はるか離れた新世界に求めたのである。このような原料確保の新手法に、さらに工場制度という新生産手法を国内に導入した。

インドの手織りの綿生産とは異なり、イギリスでは工場制度が発展していった。イギリスの綿織物の生産量は、一七七〇～一七九〇年に一〇倍に、その後の一二年間でその一二倍になったが、一八二〇年代になっても、イギリスで生産された綿織物の生産量は、インドのそれを下回っていた。イギリス綿の生産量の飛躍的増加は、それ以降のこととなる。一八三〇年代には、綿織物の生産額が、長いあいだイギリスの国民的産業であった毛織物の生産額を上回ったばかりか、インド綿の生産額をも上回ったのである。このときイギリスは、名実ともに「世界の工場」となった。

イギリスは、工場での綿織物の生産に成功したことで、世界で最初の工業国家となったのである。それは、イギリスが生み出した新システムの勝利といえた。

イギリスの綿織物生産の中心になったのはマンチェスターであり、一七五〇～一七七四年には、すべての輸出綿の四八～八六パーセントを占めるようになった。ヨーロッパ有数の奴隷貿易港であったリヴァプールは、マンチェスターからわずか数マイルしか離れておらず、貿易と製造業がつながることになり、マンチェスター発展の大きな契機となった。

イギリスは、アジアに綿織物を輸出することで、アジアとの貿易収支を黒字にした。さらにヨーロッパとアジアの貿易収支も、アジア側の黒字から、ヨーロッパ側の黒字へと転換した。これはおそらく、史上初めてのことであった。そればかりか、発展した海運業のおかげで、イギリスは自国船で綿織物を輸送することができた。すなわち、綿織物の生産だけではなく、流通も支配していたのである。イギリスは、他国の中間商人に委ねることで、利益を喪失することもなかったのだ。

さらに、毛織物のような動物繊維と比較すると、綿織物で使われる植物繊維は、はるかに生産効率がよい。簡単にいうなら、もし毛織物が綿織物の代替として使えたとしても、羊毛の生産に必要な羊をすべて飼育しようとすれば、どれほどの土地が必要だったかわからないということである。その点綿織物は、生産に必要な土地をかなり少なくすることができた。イギリスの綿織物生産の意義は、それほどまでに大きかったのである。

イギリス対オランダ——海運業と航海法

近世のヨーロッパでは輸送費がきわめて高かったため、中継貿易による収入が非常に大きかったことは、非常に重要であるにもかかわらず、しばしば見逃される事実である。中継貿易に従事するのが中間商人であり、いわば、中間商人による中抜きに目を向けてこなかったのである。

一七世紀のヨーロッパの中間商人としてもっとも重要だったのは、オランダ人であった。オランダ船は、ヨーロッパ全体の船舶数の三分の一から二分の一を占めていたという説もある。オランダは、ヨーロッパ最大の中間商人の国であった。

そのためオランダの輸送料収入を減らし、自国のそれを増大させるため、保護主義政策をとる国もあった。すなわちオランダに対抗するために、輸送コストが低い船舶を建造し、オランダ人の手中にあったヨーロッパの物流システムを、自国の輸送システムへと転換することで、経済力を高めようとした国があったのだ。

それはイギリスである。オランダによってイギリスは、海運業を支配し、物流をコントロールする重要性に気づいたのだ。

イギリスは海運業を重視する政策をとり、それに成功したほぼ唯一の国であった。イギリスが世界経済で覇権を握った理由として産業革命が重視されるが、それ以前にまず、オランダ船の排除に成功したのである。その後イギリスは産業革命を経験し、中間商人による中抜きがない状態で、綿製品を販売することができたのである。

イギリスは一六五一年から数度にわたり、航海法を制定した。航海法とはイギリスが輸入する場合に、イギリスの船か輸入先の船でなければならないと定めた法である。イギリスは、輸出についてはすでにイギリスの船を使うことに成功していた。

輸入船としてオランダ船を使用しないなら、イギリスの貿易においては、完全にオランダの勢力を追い出すことができたことになる。輸出であれ輸入であれ、イギリス船でおこなうことができ、海外との物流は、イギリス人の手中に収められると考えたのである。このときのイギリスの支配者は、ピューリタン革命で国王チャールズ一世を処刑したクロムウェルであった。そのクロムウェルこそ、イギリス繁栄の礎《いしずえ》を築いたのである。

イギリスの政策は、長期的にみれば、一九世紀の帝国主義を成功させることになった。さらにイギリス経済学の創始者ともいえるアダム・スミスも、航海法は、歴代のイギリス政府がとったもっとも賢明な政策であったといっていることは重要である。

イギリスの海運業発展

イギリスは、早くから海運業の重要性に気がついていたわけではない。じつはイギリスは、海運業の発展という点で、他国より遅れていた。一五六〇年の段階では、イギリスの海洋国家としての地位はきわめて低かったのである。

またオランダ、スペイン、ポルトガルはいうにおよばず、ハンブルク、さらにはリューベックという都市と比較してもイギリスは劣っていた。このような状況で、国家が主導して、海運業を促進していった。そこに成功の大きなカギがあった。その転換点は、前述した一六五一年のクロムウェルによる航海法の制定にあり、イギリスは自由放任ではなく、国家の政策により経済を成長させた国であった。そしてイギリス人が所有する船舶の総トン数は、一五七二年の五万トンから一七八八年の一〇五万五〇〇〇トンへと、二〇〇年ほどで二一倍も増加した。

一九世紀初頭に至るまで、農業を除けば、イギリス最大の産業は毛織物工業であった。それは産業革命によって綿織物工業へと変化するが、毛織物工業全盛時代にも、海運業は毛織物工業につぐ地位を占めていた産業であり、その比率は大きく高まっていった。これは、イギリスがどれほど物流を重視していたのかの証拠にもなる。しかも海運業は多くの雇用を生み出す産業であり、雇用の安定にもつながった。

一六六〇年の王政復古以降、イギリスは、貿易量——とりわけヨーロッパ外世界との——を飛躍的に伸ばした。イギリス経済の成長は、この事実を除いては考えられない。イギリス経済史家のラルフ・デイヴィス氏は、それを「商業革命」と名づけた。この商業革命の過程で、イギリスの貿易では、オランダ船ではなく、イギリス船がどんどん使われるようになったのである。

イギリスは、大西洋貿易のみならず、ヨーロッパ内部の貿易でも、オランダ船の排除に成功していく。他の国々と異なり、大西洋帝国とヨーロッパ内部の貿易圏で、国家が貿易活動そのものを管理するシステムの構築に成功したのである。これは、イギリスの独自性であった。

事実、イギリス以外の国々——フランス、スペイン、ポルトガルなど——は、大西洋貿易においては自国船を使ったとしても、北海とバルト海地方との貿易においては、オランダ船を使用する傾向が強かった。

イギリス船を使うということは、イギリスの商船と海軍のためばかりではなく、外国人、なかでもオランダ人に輸送料を支払わなくてもすむようになり、国際収支を改善するのに大いに役立った。近世のイングランド、さらにイギリスは、保護貿易というより、むしろ「保護海運業政策」を特徴とした。この政策により、イギリスと他国との物流で、イギリスが支配を握ることを目指したのである。

現在の研究では、フランス革命の最中の一八世紀末に、イギリスはオランダを抜き、ヨーロッパ最大の海運国家になったと考えられている。それは、一九世紀の帝国主義時代において、イギリスが世界の商品を輸送する国家に、換言すれば、世界の物流を支配する国家になるために必要なことであった。

だが一九世紀初頭のイギリスを、中間商人の国ということはできない。大英帝国のなかで使われる船がイギリス船であったということにすぎないからだ。しかしながら、イギリスは徐々に中間商人の国になり、一八七〇年頃から蒸気船の使用が世界的に拡大するようになって、世界の中間商人としての地位を確立したというべきであろう。

ラテンアメリカ諸国とヨーロッパの経済関係

現在のラテンアメリカ諸国の大半は、スペイン語かポルトガル語が公用語の国である。一八一五年にナポレオン戦争が終結する以前には、その輸出品——主要なものは砂糖——は宗主国であるスペイン、ポルトガルに輸出されていた。だが戦後、ロンドンがラテンアメリカ諸国の砂糖の主要輸出先になり、その次にハンブルクが位置した。このように宗主国との経済的紐帯が弱まったことが、旧スペイン領諸国が次々と独立していった要因の一つであろう。

そのようなか、イギリスのラテンアメリカに対する投資額は大きく上昇した。一八二六年が二五〇〇万ポンドだったのが、一八九五年になると五億五〇〇〇万ポンド、一九一三年が一一億八〇〇〇万ポンドと、大幅に上昇している。イギリスの投資額としては公債がもっとも多く、ついで鉄道であった。ラテンアメリカの鉄道は、イギリスによって敷設されたといっても過言ではないのである。やがてラテンアメリカの物流は、イギリス人によってコントロールされることになる。

一九世紀末には、大西洋を横断する蒸気船の定期航路があり、ヒトを乗せるだけではなく貨物も積まれた。その定期便の多くは、イギリス船であった。このときには、イギリスは明らかに世界最大の中間商人となっていた、世界は一体化しつつあり、イギリス船を主体とする蒸気船がそのための大きな役割を果たしたのだ。

中国の海上貿易を支配

清代の中国では、一七五七年以降、外国との貿易は広州一港にかぎられるようになった。しかしアヘン戦争を終結させた一八四二年の南京条約により、広州、福州、厦門《アモイ》、寧波《ニンポー》、上海の五港が開港される。木造帆船のジャンク船の使用は減少し、蒸気船の使用が増加していった。

中国では、遠洋航海だけではなく沿岸航海でも、イギリスの蒸気船が主流になっていった。たとえば一九〇二年には、中国で遠洋航海に従事する蒸気船七二二四隻のうち、三七二六隻がイギリス船であった。同年の沿岸航海においては、全体で一万九七四九隻のうち九七八九隻がイギリス船であった。中国の海上貿易による物流もまた、イギリスによってコントロールされるようになったのである。

中国は、ヨーロッパ系の蒸気船による大きなインパクトも受けた。むろん、その中心はイギリス船である。帆船であるジャンク船は、蒸気船と比較すると一般に小型であった。スピードは出たとしても、風による影響を受けやすく、アジアの商品の多くが欧米、なかでもイギリスの船舶によって輸送されるようになっていく。すなわち、アジア内部の物流は、イギリス船が担うようになったのである。

たしかに一八七〇年頃から一九四一年頃まで、アジア域内の交易量が増加していった。一般に、これはアジア経済の成長ととらえられるが、同時に、それはイギリス船のアジアへの進出によって可能になったことを忘れるべきでない。

なぜイギリスにだけ非公式帝国があったのか？

一九世紀、とくに後半は帝国主義時代として知られ、ヨーロッパのいくつかの国が、ヨーロッパ外世界に植民地をもった。そのなかで、圧倒的に植民地が多かったのはイギリスである。イギリスには、「明確な植民地である公式帝国」以外に、「非公式帝国」というものが存在した。

非公式帝国とは、植民地ではないが、植民地同然の状態におかれた地域をいう。中国やラテンアメリカが、非公式帝国に含められる。

このようにイギリスだけが非公式帝国をもてた理由は、基本的にその海運力と鉄道をはじめとする直接投資額の多さにあった。イギリスは世界最大の商船隊を有していた。

イギリスとその植民地間の輸送はほぼ間違いなくイギリス船を使っていたが、他国の植民地に関しても、宗主国の船だけではなくイギリス船も使われていた。すなわちイギリス船を使用しないかぎり商品を輸送できなかった国が、イギリスの非公式帝国となったのである。

非公式帝国では、国際的な商品輸送をするのも、鉄道などのインフラストラクチャーの設備投資をするのもイギリスであった。他のヨーロッパ諸国では、そのようなことは不可能でしかなかった。

中間商人の国であったイギリスは、「非公式帝国」を有することさえできたのである。

電信はどれほど重要だったか

このように、イギリスは世界のさまざまな地域に進出していき、それは、イギリス船によってなされた。かつては大英帝国の内部でしかイギリス船は使われてはいなかったのが、世界中の国がイギリス船を使用するようになった。そのためイギリスには、多額の輸送料収入が流れ込むことになった。それ以外にも、イギリスに多額の手数料をもたらすものがあった。電信である。

電信の発明者が誰であるかは簡単にはいえないが、一八三七年にイギリス人のクックとホイートストンが実用化した電信機が、商業化に成功したことはきわめて重要である。以降、電信は急速に普及することになった。

電信は、単なる通信手段ではなく、それを用いて、決済をすることができる。世界の金融取引の中心はロンドンであり、世界の多くの地域の国際貿易は、イギリス製の電信を用いてロンドンで決済された。そのためロンドンには、多額の手数料収入が入るようになった。電信決済こそ、イギリス経済が大きく発展する原動力となった。

電信の敷設には、巨額の費用がかかった。一人の商人ないし一つの会社では到底調達できないほどの金額であった。さらに海底ケーブルも敷設されたが、それを賄えるほどの機関は、国家しかなかった。情報の伝達に、国家が大きく関与することになったのである。そのため国際貿易商人は、国家が整備したインフラを使用しながら商取引をするほかなかった。

電信は、世界の情報通信において、それ以前と決定的な違いをもたらした。この事実は、きわめて重要である。電信は、世界史を大きく変えたのだ。以前は、ヒトが徒歩や馬に乗って情報を伝えていたので、ヒトの移動スピードよりも情報が速く伝わるということはなかったのが、電信により、ヒトの移動より情報の伝達スピードの方が速くなったからである。

電信は、アメリカの歴史家ダニエル・R・ヘッドリク氏に「見えざる武器」と呼ばれるほど、きわめて重要な武器であった。電信の発展は、一九世紀ヨーロッパの対外進出とともにおこった。したがって電信は、ヨーロッパの世界支配のあり方とも大きく関係している。

イギリスの電信網には、本章で述べてきた多数の商人たちの商業ネットワークが組み込まれた。電信以前には、中間商人が媒介となって結びつけられていた商人たちが、今度は電信という機械によって結びつけられたのである。すなわち媒介が、ヒトから機械へと変貌したのだ。

電信の登場以前、手形が振り出された都市から、それが引き受けられる都市へは、何日、何十日、場合によっては、一〇〇日以上の日数がかかったと思われる。だが電信は、それを一挙に縮めたのである。一九世紀末から二〇世紀初頭のイギリスの経済力は、この点を無視して語ることはできない。アジアとヨーロッパは、電信により直接つながったのである。

電信が縮めた世界

左の表は、世界のさまざまな地域から送られた情報がロンドンに到達するまでの所要日数の変化を示す。平均すると、一八七〇年には二・九日となり、大幅に時間が短縮されている。

表から判断するかぎり、電信はおおむね一八六〇～一八七〇年のあいだに導入された。表の一八二〇年と比べると、電信は、世界の距離をあっという間に縮め、最小で二日間、最大でも四日間あれば、世界のどこにでも情報が到着することができた。

	a：1820年	b：1860年	c：1870年	a-b	b-c
アレクサンドリア	53	10	2	43	8
マデイラ	30	14	2	16	12
ケープタウン	77	39	4	38	35
ボンベイ	145	26	3	119	23
カルカッタ	154	39	2	115	37
香港	141	54	3	87	51
シドニー	140	53	4	87	49
バルパライソ〔チリ〕	121	47	4	74	43
ブエノスアイレス	97	41	3	56	38
リオデジャネイロ	76	28	3	48	25
バルバドス	46	21	4	25	17
ハバナ	51	19	4	32	15
ニューオルレアン	58	19	3	39	16
ニューヨーク	32	13	2	19	11

電信導入以前と以後の外国との通信の発展　各都市からロンドンまでの情報伝達の所要日数

出典：Yrjö Kaukiainen, "Shrinking the World：Improvements in the Speed of Information Transmission, c.1820 ～ 1870", *European Review of Economic History*, No. 5, 2001 をもとに作成。

手数料で大儲け

一九世紀末のイギリスは世界最大の工業国ではなくなり、その地位をアメリカやドイツに譲った。しかしイギリスは、その海運力、そして金融力により、世界経済の覇権国家になった。世界経済が成長すればするほど、ロンドンでの決済は増えていった。

ロンドンに、そしてイギリスには、巨額のコミッション（手数料）が流入していった。電信が誕生する以前のコミッションも、誕生してからのコミッションも、一回の商行為ごとに発生する。コミッションレートは、前者より後者の方がずっと低い。しかし、近世の貿易商人が一回の商行為に必要な日数は非常に多かったため、一人の代理商が獲得するコミッションの総額は、あまり多くはならなかった。

それに対し電信の場合、一回の為替決済によるコミッションレートはかなり低かった。しかし、追加コストはほとんどかからない。取引回数が増えれば、ほとんどコスト増なしに利益だけがえられる。その利益額は膨大になった。それは、現在のクレジットカードに似ているかもしれない。ともあれ電信の登場により、コミッションのあり方は大きく変化した。

しかも、それは確実に入手されるようになった。これは、コミッション・キャピタリズム（手数料資本主義）の大きな特徴である。

おわりに――収入が「自動的に」増加する世界

一九世紀のイギリスは、世界最大の海運国家であったため、イギリスの海上保険は、大きく発展することになった。そして、サービス部門の収入のもっとも重要な部門として、イギリスの保険と電信が他国を圧倒した。

イギリスは世界中に蒸気船を送る以外に、世界各地に鉄道を敷設した。蒸汽船舶と鉄道の発達により、八章まで見てきたような、セファルディムやアルメニア人、ソグド人、パルティア人、フェニキア人らが築いたような商業ネットワークの有効性は、大きく低下することになった。彼らがつくり上げたネットワークは、かなりの程度、蒸気船と鉄道に取って代わられることになった。

そして電信は、イギリス資本主義の象徴であった。世界の多くの地域で経済成長がおこった場合に、イギリス製の電信が使われたので、他国が経済成長したとしても、イギリスは十分に儲かる手数料を自動的に獲得できる仕組みができあがっていた。イギリス以外の国が取引する場合でも、イギリス製の電信、船舶、さらには海上保険が用いられ、ロンドンの金融市場で決済された。

さらに鉄道の情報のやりとりも、電信を使っておこなわれた。イギリス製の鉄道ではなくても、情報のやりとりのための電信の多くの部分は、イギリス製であった。そのために鉄道の発達によっても、イギリスに手数料収入が入ってくるシステムが構築されたのである。

イギリスは、すべてが自分たちの利益になるようなパッケージをつくり上げ、その中核に位置したのが電信であった。世界経済が成長し、国際貿易での取引が増えることで、イギリスの収入が「自動的」に増加する——それが、イギリスのコミッション・キャピタリズムの最大の特徴であった。

電信は、今もなお国際的な商行為の主要な決済手段の一つである。二〇世紀初頭に世界中を覆った電信による収入はきわめて多く、イギリスには、信じられないほど巨額のコミッションが流入することになった。そして、大英帝国は金融の帝国になった。世界中が電信による金融ネットワークで結びつけられるようになり、大英帝国はそれによって維持された。その影響は、いうまでもなく、現在でも強いのである。

第一〇章

領事から総合商社へ

日本経済の発展を支えた組織

経済成長のためには、マーケットに関する正確な情報が必要である。第二次世界大戦前から戦後にかけ、日本経済が成長した背後にあった重要な組織である領事と総合商社は、その「情報」を武器としていた。領事は、領事報告により、日本の企業に必要な事業情報を伝えた。それに対し総合商社は、世界各地に社員を派遣し、正確な情報を収集し、日本企業の輸出に寄与した。どちらも、日本の企業が海外に進出するときに、日本と現地をつなぐ存在であった。

現在の総合商社は、むしろ事業投資会社へと変化しているように思われるが、それは、今までに培った良質な情報収集能力がベースとなっている。領事も総合商社も、企業と企業をつなぐ中間商人としての役割を果たしていたばかりか、日本経済に大きな影響力をおよぼした。その総合商社が、コミッションビジネスではなく、事業投資に力を入れるようになったのは、中間商人として世界の事業情報を収集していたからこそ実現できたことなのである。

領事とは何か

領事という言葉は、一般にあまり馴染みがあるものとは言い難い。デジタル大辞泉によれば、「外国において、自国の通商促進や自国民の保護、その他の証明事務などの業務をおこなう国家機関。専任領事と名誉領事とがあり、階級としては、総領事・領事・副領事の区別がある。領事官」とある。いささかややこしい定義であるが、本章で関係するのは、通商面である。領事報告によって、商人は外国での商業情報を入手する。したがって領事とは、「中間商人」の役割も果たしていたのである。

領事に関する研究は、日本ではあまり進んでいない。だがヨーロッパでは、領事は重要な研究分野だと位置づけられている。それは外国貿易商人が、領事が提供する事業情報を必要としていたからである。

オランダやイギリスは、海外への進出に対して領事報告はあまり必要とはしなかった。それは国家の意図とは関係なく、商人が自発的に海外に進出し、事業情報を収集したからである。だが、それ以降に海外で商業をしようとしたヨーロッパ諸国は、領事報告を使用した。その代表例が、北欧のデンマークとスウェーデンである。

両国は領事館を多数配置し、自国の商人が商業を遂行するときに必要な情報を商人に提供した。デンマークとスウェーデンは商業的な後進国であり、先進国であるオランダやイギリスに追いつくために、国家が商人に情報を与えたのだ。

領事は、とくに後発国が外国との商業関係をもつにあたって、欠くことができない役割を果たしたのである。

日本領事館の役割

日本が開国した一九世紀中頃は、欧米列強が世界を植民地化している時代であった。欧米列強はまた、世界市場での争いを激化させていった。それはとくに、プロイセンによるドイツ統一が実現した一八七一年頃から本格的になった。このような状況下で、日本は、欧米列強の妨害に遭いつつも、輸出を増やさなければならなかった。

経済史家の角山榮氏によれば、日本は、領事の情報活動に力を入れていた。しかも領事は、身をもって情報を収集したのである。商品に関する情報を入手し、生産者に伝えたのは領事だけではなかったが、少なくとも領事が重要だったことは間違いない。それが生きた情報として生産者（商工業者・農民）へとフィードバックされた。そのため生産者は、海外のニーズに合った商品を輸出することができるようになったのである。

当時日本が輸出した商品は、おおむね欧米の商品と比較すると、品質の点で劣ったかもしれない。洋傘、マッチ、ランプ、石鹼などの、元来は欧米が中国に輸出していたものを、日本も輸出するようになったが、所得水準が低い中国人のニーズに適合していたのである。

自分たちが生産した商品を、現地のニーズを無視してアジアで販売しようとした欧米列強とは異なり、日本はきちんとした市場調査をし、それにもとづいて販売・生産計画を立てた。領事報告は、その一助となったのである。

総合商社の誕生

領事の次に商業情報を提供することで重要になったのは、商社である。

総合商社が、多種多様な商品取引と、国の内外にわたる広範な市場との取引を一手に取り扱うのに対し、専門商社は、特定の商品・事業に活動分野を限定する。

総合商社が日本で根づいた背景には、前述のような市場調査・情報戦略があった。総合商社とは、こういう状況で活動しはじめた会社なのである。

商社とは基本的には専門商社であり、それが世界的にふつうの姿である。総合商社の影響力が強い国は、おそらく日本と韓国くらいであろう。

日本における総合商社の起源は、坂本龍馬が勝海舟とともに組織した「亀山社中」という海運会社であった。同社は、物資の運搬や貿易の仲介を主な仕事としており、しかも、薩摩藩と長州藩に向けて外国の軍備品を販売していたからだ。

一八五八年の日米修好通商条約に続いて、江戸幕府はオランダ・ロシア・イギリス・フランスとも同様の条約を結んだ。これらを安政の五か国条約という。この条約は、領事裁判権の規定、関税自主権の欠如、片務的最恵国待遇（ロシアを除く）、治外法権を認める不平等条約であった。これらの問題点を克服するために、明治政府は尽力した。じつは、総合商社の起源もそれと同じであった。

開国を迫られた日本には、海外に販売できるような商品はあまりなかった。しかし帝国主義時代の真っ只中にあって、いつ欧米列強の植民地になるかもしれない状況にあった日本にとって、少しでも多くの商品を売り、外貨を稼ぐことは、きわめて重大な国家的課題といえた。

そのために領事館が開設されたのである。日本政府は、商業情報の重要性に十分に気づいており、領事と総合商社は、じつは同じような機能を有していた。明確な時期を決定することは不可能だが、当初は領事が、そして徐々に総合商社の方が重要になっていったというべきであろう。

田中隆之氏によれば、明治政府はまた、外国からの大きな圧力のもと、商業制度を大きく転換することを余儀なくされた。たとえば株仲間が廃止され、営業の自由を保証しようとした。地租改正、殖産興業などの政策がなされた。

地租改正により、土地に対する私的所有権が確立し、殖産興業により、工部省と内務省が産業の育成をはかった。そして外国人の手を通さず、日本の会社が直接輸出をするという方向性が確立したのである。

そのため一八七〇年代には、大倉組商会、起立工商会社、森村組、広業商会、三井物産という貿易商社がつくられた。このなかでもっとも有名かつ重要になっていったのはいうまでもなく三井物産であった。このときにはまだ、貿易商社は「総合商社」とは呼ばれてはいなかったが、同社は海外では〝Bussan〟として知られるほど、総合商社としての存在感を高めていった。「総合商社」という単語が使用されるのは、第二次世界大戦後のことである。ここでは、戦前のこのような商社を、貿易商社と呼ぶ。

日本の産業革命と貿易商社

日本の産業革命は、一九世紀末にはじまった。生糸と綿が中心で、この当時ドイツやアメリカで重化学工業が発展しており、しかもイギリスのコミッション・キャピタリズムが世界を席巻していたことを考慮するなら、ニッチを狙った後進国型の工業化にすぎなかった（第九章参照）。とはいうものの、当時の日本で重化学工業に投資できるほどの科学技術力や資金力があるわけでも、また、イギリスのように金融業が発展しているわけでもなく、天然繊維をベースとする産業革命は、必然的なことであった。

その市場として、もちろん国内市場はあったが、ここでは貿易商社の役割を見ていくために、海外市場の動きに論を限定する。

財閥系の貿易商社として最初に設立された三井物産についで、一九一八年には三菱商事が創設された。この間は四〇年ほどあり、なぜこのような時間的ギャップが生じたのかは、よくわからない。また一九一九年に設立された大阪北港株式会社を源流として、住友商事が生まれた。

非財閥系の繊維系商社としては、伊藤忠商事、丸紅、東洋棉花（のちのトーメン、現在の豊田通商）、日綿實業（のちのニチメン、現在の双日）、江商（現在の兼松）が登場し、発展していった。ここに、戦後の総合商社の原型が形成されたのである。

ここにあげた貿易商社のなかで、三井物産だけが総合商社化していった。三井物産は、取引商品の多様性、取引範囲の広さ、多様な機能（製造業への投資、技術導入など）という総合総社の機能を、すでに明治後期から備えていたのである（他の貿易商社は戦後）。三井物産の事業規模拡大は、国内外の支店や営業所が情報をうまく共有化できるシステムを構築し、取引コストを削減することができた。それは、支店・営業所が独立採算制をとることで、かえってコスト高になる問題点の是正につながった。さらに、支店や営業所の独立性はある程度維持しながらも、本部が一括して管理し、会社が統一した。

多数の貿易商社は、アジアを中心に支店を設けていった。そして、中国から直接買付をおこない、紡績工場をつくるなどした。貿易商社は、日本経済の進展とともに活動分野、活動地域を拡大していった。

海外の支店が増加したため、貿易商社はより多くの情報を入手できるようになっていった。貿易商社には、大学を出た優秀なエリートが集まった。彼らのなかには語学に堪能な者も多く、そのため海外との取引において、他の業種を出し抜くことができたのである。

本書で論じてきた中間商人も、語学に堪能な人々であった。多数の民族と商業関係をもたなければならなかったので、必然的に多数の語学を操ることになったのである。貿易商社の社員たちも、彼らほどではなかったが、卓越した語学力をもとに活動領域を広げていったのである。

第一次世界大戦後〜一九二〇年代の貿易商社

日本が大きな利益を獲得した第一次世界大戦後、貿易商社は増加していった。しかし大戦後の不景気により、倒産する貿易商社も出てきた。その代表が鈴木商店である。

鈴木商店は、一八七七年に神戸で鈴木岩治郎が設立した貿易商社である。岩治郎の没後、岩治郎の妻である鈴木よねが、番頭の金子直吉に全面的に経営を任せた。

金子は鈴木商店を、砂糖の他に樟脳《しょうのう》・米麦・塩・鉄鋼品などの多様な商品を扱う貿易商社へと転換させ、明治後期から大正期に急拡大することになった。鈴木商店は、商取引以外に生産部門にも投資をして諸企業を傘下に収め、鈴木コンツェルンを形成した。そして、三井物産の取扱高を上回るまでになった。しかし第一次世界大戦後、株価、工業製品価格、船舶運賃のすべてが低下し、それが経営に大きな打撃となった。また、持株会社化して新規企業を多数立ち上げて多角化をしたが、それが行き過ぎになった。同商店の経営は非常に悪化し、関東大震災ののち、一九二七年に台湾銀行が鈴木商店への新規融資の打ち切りを決定したことが決定的打撃となり、倒産した。

貿易商社の本業は、あくまでコミッション収入にあったのではないだろうか。それを獲得するために、できるだけ多くの信頼のおける情報を収集する。経営の多角化は、この基本をおさえて初めて成功する。鈴木商店の経営を見ると、それが理解できていなかったのかもしれない。

両大戦間期の帝国主義政策——植民地との関係

両大戦間期のアジア間貿易は、日本が帝国主義政策をとったことで、日本の貿易額だけが大きく伸びた点に最大の特徴がある。

開国後の日本は第一次産品の輸出を中心としていたが、二〇世紀の転換期に工業製品の輸出がそれを上回った。一九二〇年代末になると、日本の工業製品輸出比率は、全体として七〇パーセントにまで達した。

日本と植民地との経済的関係は非常に強まり、一九三〇年代後半の貿易額はイギリスの対植民地貿易を上回り、世界最大の植民地大国になった。日本の輸出品が綿製品・雑貨などを中心とする軽工業製品だったのに対し、機械の輸出先は東アジア、とくに対植民地に集中していた。

日本は植民地に対し、金融機関の設置、インフラストラクチャーの整備など直接投資をし、資本主義メカニズムにもとづく生産と流通を興隆させた。そうすることで、日本と植民地の経済的紐帯は大きく強まっていった。

このような状況下で、貿易商社は重工業に投資していった。日本の重工業の発展は、軍事産業の発展に目をつけたものであり、この当時、軍備増強がいかに重工業に影響を与えていたのかが理解できる。貿易商社も、その動きに合わせて活動した。彼らは、明らかに戦争需要によって儲けようとしたのである。

戦後の総合商社――解散から復活へ

太平洋戦争での敗戦後、ＧＨＱによって日本は大きく変革させられた。本章との関連でいうと、一九四七年、三井物産と三菱商事が解散させられた。占領軍は日本の民主化を促進しようとしており、戦争の勃発につながった財閥を解体しようとした。この二社の解散は、その流れに沿ったものである。

三井物産も三菱商事も戦争に協力し、しかもそれがあまりに目立ったことに対し、GHQが快く思っていなかったのが解散の一因であった。しかも、戦前に活動をしていた貿易商社の海外支店はすべて、すでに相手国に没収されており、海外との関係は事実上絶たれたも同然であった。しかし戦後の総合商社は、蘇っただけではなく、その力をさらに強化したのである。

一九五〇年になると、日本は自由貿易を回復し、海外に支店をおくことも許されるようになった。一九五〇年代初頭には朝鮮戦争が勃発し、日本経済は大きく回復した。総合商社の活動も、それにともなって活発になっていった。総合商社の活動は、日本の国策と利害が一致した。

また一九五〇年には、海外投資を目的の一つとして、日本輸出銀行が創設された。さらに一九五二年にサンフランシスコ平和条約が結ばれると、輸出政策が本格的に動き出すことになった。日本経済は、工業製品を輸出しなければ、海外との競争に勝っていくことができなかった。そういうときに、総合商社が役立ったのである。

関西系の繊維専門商社（伊藤忠商事、東洋棉花、日綿實業、丸紅など）と、鉄鋼系専門商社（岩井産業、日商など）が新部門を拡充したり、吸収合併することによって、総合商社化の動きをはじめた。これに続き、占領軍の財閥解体政策にもとづいて解散させられ、多くの小企業に分かれていた三菱商事、三井物産がそれぞれ復活した。

こうして一九六〇年前後には、一〇大総合商社体制がほぼ成立することになった。一九七〇年代前半までは三菱商事、三井物産、住友商事、伊藤忠商事、丸紅、日商岩井、トーメン、ニチメン、兼松江商、安宅産業の一〇社を「一〇大商社」と呼ぶことが一般的であった。

総合商社には事業投資機能、オーガナイザー機能、金融機能、情報収集機能という特徴がある。ここで一番重要な機能は、おそらく情報収集機能であろう。良質の情報を収集していたからこそ、すべての事業活動がスムーズに機能するのである。

日本企業は、輸出をする必要があったが、そのためのノウハウに欠けていた。直接輸出しようにも、現地に多数の駐在員をおくコストを負担できる企業はあまりなかった。戦前の貿易商社もこの点ではすぐれていたが、戦後の総合商社はそれ以上であった。

商業慣行は、国によって異なる。大企業とはいっても、世界的に見ればまだ規模が小さかった日本の企業には、それに関する知識が不足していた。それもあり、多くの企業は総合商社にコミッションを支払い、自社の製品を輸出していった。

高度成長期——資源・エネルギーの開発と輸入

一九六〇年、池田勇人内閣は、所得倍増計画を発表した。これは、より正確には、「実質国民総生産を一〇年以内に二倍にすることを目標とする『国民所得倍増計画』」である。当時は実現がかなり難しい計画であるように思われたが、計画の実現のためにも、日本は輸出を増やす必要があった。実際には、国民総生産は約四年（一九六四年七月期）、国民一人当たり実質国民所得は約七年（一九六七年一〇月期）で倍増したのである。計画は、控えめすぎたといえよう。

高度成長の時代には、メーカーが独自に国際的な販売網を整備するので、中抜きをしている商社は不要になるという「商社斜陽論」も出されていたが、それは、まったく的中しなかった。

すなわちメーカーが生産設備の拡充に全力を注ぎ、総合商社は積極的に海外駐在員を派遣して、原材料の確保と市場開拓に尽力したのである。総合商社は、地球規模のマーケット育成をなし遂げることに成功したのだ。

また、日本の産業が重化学工業化したことにともない、資源・エネルギーの需要が大きく上昇すると、その開発と輸入に努めるようになった。具体的には、オーストラリアの鉄鉱石、パプアニューギニアの銅鉱、ブルネイのLNG（液化天然ガス）開発などがあった。

このような活動は、二一世紀の総合商社に生かされることになった。

そして、プラント輸出が伸びた。火力発電プラント、化学プラント、砂糖プラントなどであり、そのため、外国間貿易が増えることになった。

総合商社のビジネスの中心の少なくとも一つは、コミッションビジネスであった。すなわち、メーカーの代わりに外国で販売をし、手数料収入を増加させるのである。企業と企業をつなぐことで手数料収入をえるということである。

それは総合商社が、他の業種ではありえないほど海外との関係が強く、良質な情報を入手していたために、実現した。総合商社がもっている情報は非常に多様であり、かつ多様な産業との関係が密接であるので、新たな分野への参入が容易だったと考えられよう。

石油危機から二〇世紀末まで――日本からの離脱

一九七三年と一九七八～一九七九年の二度にわたる石油危機は、日本のみならず世界全体の経済に大きなマイナス要因となった。当時の総合商社の売上高の七〇～八〇パーセントを占めていた重厚長大型・素材産業は構造不況業種となり、大小の企業の倒産が多発した。総合商社の財務も悪化し、一九七七年には「一〇大商社」の一つ、安宅産業が倒産してしまった。

しかも、総合商社を通さずメーカーが直接輸出するようになった。それに対抗するために、総合商社は海外投資事業にますます積極的になった。資産分野では、開発を目的とした投資が、より大規模におこなわれるようになり、そして外国間貿易を増加させた。すなわち、日本からの離脱を強めたのである。

その後、一九九〇年代初頭にバブルがはじけると、海外にさらに進出し、製造業への投資を増やした。また、国際金融部門にも力を入れるようになり、積極的に財テクに取り組んだ。総合商社は事業を多角化し、つまり日本企業の商品を輸出することからえられるコミッションの比率を減少させた。

二一世紀バブルの後始末とリーマンショック

バブルの後始末は、他の産業と同様、総合商社にもかなり大きな影響を与えた。兼松が三菱銀行の管理下で経営を縮小し、豊田通商がトーメンを吸収合併した。そして日商岩井とニチメンが合併し、双日となった。二一世紀初頭には、一〇大商社は、伊藤忠商事、三菱商事、三井物産、住友商事、丸紅、豊田通商、双日の七大商社へと再統合された。

二〇〇八年にはリーマンショックが生じ、世界中の余剰資金が円買いへと集中したことで超円高となり、輸出産業が大打撃を受けた。

総合商社はこのあと、経営のあり方を大きく変えた。コミッションビジネスから、資源・エネルギー分野へと収益構造を大きく変化させるようになったのである。たとえばロシアでの石油・天然ガス、アフリカでのアルミニウム、ニッケル、天然ガス、ブラジルでの鉄鉱石やバイオエタノール、中東での天然ガスや発電事業などをおこなうようになった。もちろん、コミッションビジネスは総合商社の支柱の一つだが、収益の中心は明らかに変化した。

また、利益率がきわめて低く、取扱高を重視するという経営体質から、利益率を重視する経営体質へと変貌した。

しかも総合商社は、経営の健全化をはかるべく、資源という「川上」から、製品製造の「川中」、さらに流通・販売の「川下」までのバリューチェーンを形成し、そのすべてで収益をえようとしている。総合商社が川上・川中・川下のそれぞれの事業会社に出資し、それらが利益を出し、その配当などの利益をえようとしているのだ。総合商社は、事業投資会社へと生まれ変わったといえよう。

総合商社を投資銀行と比較すると、前者は事業運営をするのに対し、後者はコミッションによって利益を獲得する。この点において、両者には決定的な差がある。総合商社は金融だけではなく、バリューチェーン、そして事業運営を含めた投資活動によって収益をあげているということになろう。それはおそらく、総合商社が世界中に支店をもち、多くの地域のビジネス情報をもっていたからであろう。

おわりに――世界で活躍する商社マン

戦後の日本で、総合商社ほど経営構造を劇的に変えた業種はほかにはあるまい。もっとも印象的なことは、コミッションビジネスからの後退であろう。しかしそれはまた、総合商社の健全な一面を示しているのかもしれない。コミッションビジネスとは、金融会社の専売特許になったように思われるからだ。

総合商社はこれまで、世界各地で事業をおこなってきた。商社マンのいない国はないといっても過言ではないほど、多くの従業員を海外に送り、さまざまな事業活動に従事してきた。したがって、これまで培ってきた情報・ネットワーク・金融などの総合力を武器とする商社らしく、連鎖させた事業投資という形で新たな収益モデルを形成しているのである。

総合商社の機能は、領事から受け継いだものであった。領事は海外に進出したいと思っている企業に事業情報を提供し、それに対し商社は、海外進出をもくろんでいる企業の販売の手助けをした。両者に共通するのは、事業情報を大きな武器としたことである。

総合商社が投資事業会社になれたのは、このように情報ビジネスに長年従事してきたからである。他の後発国なら領事館がおこなっていた業務を、日本では総合商社が代替して、日本経済の成長に寄与したのである。

第一一章

大英帝国・タックスヘイブン・ＩＴ企業

中抜きされる社会

COVID−19は、世界経済に深刻な打撃を与えた。多くの国々では国債を発行し、増税を避けたが、これほどまでに世界中に国債が溢れると、世界各国の財政は本当に大丈夫かと、多くの人が不安に思っているだろう。そもそもそれ以前から、いくつもの国で財政赤字は増えており、それが加速化したからである。借金を返済するために必要なことに、企業があるべき税金を支払うということがある。だが、タックスヘイブン(税制上の優遇措置を地域外の企業に対して戦略的に設けている国や地域)を巧みに使用することにより、本来納めるべき税金を納めていない企業があるのも事実である。製造業よりもIT企業にそれはより多く見られ、そのため一般の人々は、必要以上の額の納税を強いられているのかもしれない。またタックスヘイブンは、かつての大英帝国と関連した地域が多く、それは大英帝国が金融の帝国であり、政治的帝国ではなくなったとしても、その金融力はまだまだ世界に強い影響力をおよぼしているからである。しかもそれは、イギリス王室の特異性と関係しているのだ。

ヒトとヒトを結ぶものは、以前には中間商人という「ヒト」であった。しかし電信の登場でインビジブルなものを媒介としてもつながれるようになり(第九章)、現在では、インターネットを媒介として結びつけられているのである。

イギリスの国制は本当に複雑

イギリスの正式名称は、United Kingdom of Great Britain and Northern Ireland である。これは、「グレートブリテンおよび北アイルランド連合王国」と訳される。

イギリスの国旗であるユニオンジャックは、イングランド、スコットランド、そしてアイルランドの旗が組み合わされたものである。イギリスという国の成り立ちの複雑さが、国旗からもご理解いただけよう。

さらにそれ以外の点からも、イギリスがいかに奇妙な国であるかがおわかりいただける実例をご紹介しよう。ご存じのように、イギリスの皇太子はPrince of Walesという。これを直訳すれば、「ウェールズ皇太子」である。しかもそういう人物が、スコットランドの伝統の柄であるタータンキルトを身にまとっているのだ。

こうした事実は、イングランドが、併合した他国を懐柔しようとしてきた歴史に由来する。イギリスとはイングランドを中心とした他の国々（正確には以前には国家であった地域）が結合した複合国家なのである。

歴史学では、このような複合国家は、近世の特徴だとされる。しかし現実には、ヨーロッパ諸国の多くは現在もなお基本的に複合国家であり、その代表例がイギリスだというべきであろう。しかもイギリスは、今なお旧植民地との関係が非常に強く、イギリス連邦が存在する。

スコットランドが「グレートブリテンおよび北アイルランド連合王国」から離脱するかもしれないのは、もはやイングランドとの連合からえる利益があまりないと考えているからである。

イギリスをともかくも一つの国として維持するための絆は、決して強くはない。イギリスは、徐々に分裂しつつある国だといってもいいかもしれない。それは、ブレグジットを推進したと同時に、EUとの関係を維持したいというイングランドの姿勢の齟齬にも表れている。北アイルランドにも、イングランドから離れようという動きがある。

このように決して一枚岩とはいえないイギリスをなんとかまとめ上げてきたのは、大英帝国の存在であった。

イギリスは、世界にまたがる大帝国を形成していた。スコットランドもアイルランドも、ある程度、その恩恵にあずかってきたのだ。それは、王室属領というものと大きく関係していた。

密輸基地からタックスヘイブンへ

第九章で述べたように、大英帝国とは金融の帝国であった。大英帝国は、世界史上最大の帝国であり、一九世紀末になると、帝国の各地が網の目のように張りめぐらされていた金融ネットワークによって結びつけられるようになった。それは現在のタックスヘイブンにつながるわけだが、ここでタックスヘイブンと大きく関連する租税回避行動について見てみよう。

租税回避行動とは、税というものが発明されてからずっと続いている行動であることはいうまでもない。一六〜一八世紀（近世）のヨーロッパでは、国際的な経済活動とは、おおむね貿易活動を意味した。そのため租税回避行動とは、関税を避けるという行動形態をとった。それが現代において、法人税や所得税を避けるという行動へと変化したのである。この行動は、ＩＴ技術の変化によって可能になった。とはいえ、近世と現代の租税回避行動には連続性もある。それは、小さな島を利用するという点である。

一九世紀のイギリスは、世界最大の商船隊を有し、さらに世界全体に電信を敷設することによって世界経済を一体化していった。それは、さまざまな地域の商品が世界中で販売されるだけではなく、世界中の金融が、ロンドンを中心として結合されたということでもある。イギリスはそのために巨額の手数料収入を獲得し、コミッション・キャピタリズムの国として繁栄したことは前述した。現在のタックスヘイブンのインフラは、すでにこのときに完成していたといえよう。

たとえば現在の代表的タックスヘイブンであるケイマン諸島やイギリス領ヴァージン諸島（ＢＶＩ）は、「諸島」という名称がついていることからも推察されるように、小さな島々の集まりである。ケイマン諸島最大の島であるグランド・ケイマン島でさえ、一九六・八四平方キロメートルにすぎない。ＢＶＩの総面積は、たった一五三平方キロメートルである。比較対象として淡路島をあげると、その面積は五九二・二平方キロメートルである。

一八世紀のカリブ海諸島は、砂糖の生産地として知られた。一八世紀ヨーロッパで最大の利益をもたらした砂糖は、小さな島々ではなかなか生産できなかった。推測の域を出ないのは残念であるが、それらの島々の少なくとも一部が、密輸基地として機能していたことは間違いないであろう。

すなわちカリブ海諸島の小さな島々は、租税回避行動を、密輸からタックスヘイブンへと変化させたのである。

王室属領の隠された利用法

現在のケイマン諸島とＢＶＩの君主は、チャールズ三世である。これらは王室属領である。

王室属領とは、「グレートブリテンおよび北アイルランド連合王国」には含まれず、イギリスの国王（the Crown）に属し、高度な自治権をもった地域のことである。内政に関してはイギリス議会の支配を受けず、独自の議会と政府をもっており、しかも、海外領土や植民地と異なり高度の自治権を有している。EUにも加盟していないため、イギリスの法律や税制だけではなく、EUの共通政策さえ適用されないのである。ただし外交と国防に関しては、イギリス政府に委任しており、主権国家とはいえない。

それらは、伝統的に国王が王国外に有していた領地である。イギリス周辺ではチャンネル諸島（英仏海峡）の一部とマン島（アイリッシュ海）が王室属領であるが、じつはこれらの地域は近世には密輸基地として知られていた。そして現在では、タックスヘイブンとしても知られる地域でもある。

たとえばチャンネル諸島に位置するガーンジー島やマン島は、タックスヘイブンとされる。すなわちイギリスの王室属領は、密輸とタックスヘイブンと大きく関係しているのである。ここからイギリスという国、イギリス王室、さらに大英帝国は、王室属領を利用して巧みに租税回避行動を促進したことが示唆されるのである。

イギリスの国制と金融の関係

二〇二二年九月一九日におこなわれたエリザベス二世のイギリス国葬では、新国王チャールズ三世は軍服を着ていた。これは、百年戦争以降敗戦を知らないイギリスが、一九世紀に世界を武力で支配したことを象徴する光景であった。

イギリスは、ある面で賢明なことに、国王が統治するけれども、イギリスという国には属さない地域を海外にもっている。それは、イギリスという国の利害関係にまきこまれながらも、なお自立しているばかりか、コモンウェルスにも属していない地域である。そのような地域がタックスヘイブンであるという事実こそ、イギリスの特質の一面を表しているといえよう。

エリザベス二世の国葬は、王室属領の君主が替わったことを示す儀式でもあった。イギリスの国制は非常に複雑であり、それが旧植民地だけではなく、世界の経済、とくに金融に大きな影響を与えていることを、私たちは認識すべきである。

イギリス王室とは、コミッション・キャピタリズム、さらにはタックスヘイブンによる税の中抜きシステムの象徴なのである。

かであろう。

イギリスのしたたかなタックスヘイブン優遇政策

イギリスとタックスヘイブンの関係が非常に強いということは、以下の文章からも明らかであろう。

モサック・フォセンカカンパニー［タックスヘイブンの実態を暴露した「パナマ文書」を流失させた会社］がペーパーカンパニーを作った主な場所ですが、世界の二一の国・地域に及んでいます。約半分は英領ヴァージン諸島で作られており、次いでパナマ、セーシェル、ニウエ、サモアの順になっています。その多くがイギリスの海外領土や旧植民地などで、イギリスの影響力の強い地域なのです。

（合田寛著『これでわかるタックスヘイブン――巨大企業・富裕者の〈税逃れ〉をやめさせろ！』合同出版、二〇一六年、一七ページ）

イギリスは世界各地に植民地をもっていたのだから、タックスヘイブンに該当する地域が多くても驚くにはあたらない。また、一九世紀末から二〇世紀初頭にかけて、イギリスは世界最大の金融網を有し、世界の貿易の決済がイギリス製の電信を使用してロンドンでおこなわれていた。大英帝国とは、金融の帝国であり、そのシステムが現在もまだ生きているといえよう。

王室属領は、内政に関してイギリスから独立し、独自の議会を有しているとしても、君主がイギリス国王である以上、イギリスの利害と大きな関係があることは容易に推察される。したがってイギリス国王はその地位を、自らのためにも、そしてイギリスの利益のためにも使用することができる。イギリス議会は、国王を通じてタックスヘイブンを利用しているととらえられる。

タックスヘイブンを通してイギリスの国家と王室の関係を見れば、このようにまとめることも可能なのである。イギリスの国家と王室は、じつに微妙なバランスの上に存在しているのだ。しかももしタックスヘイブンがスコットランドとアイルランドにも利益を提供できれば、この二地域が「グレートブリテンおよび北アイルランド連合王国」の一部として機能することにより、大きな利益をえることができるかもしれないのだ。

とすれば、イギリス王室がイギリス国家の金融にとってどのようなプラスの効果をもたらしているのか、わかっていただけるものと思われる。

税金を払わず巨額の利益をえるEU諸国の銀行

非営利団体のOxfamは、所得や富の不平等に関するレポートを発行している。ここでは彼らの議論を紹介しながら、EU諸国の銀行が、タックスヘイブンを利用してどうやって儲けているのかを見ていきたい。

Oxfamの推計によれば、EUのトップ二〇の銀行の利益額のうちタックスヘイブンの占める割合は二六パーセントであった。その総額は、二〇一五年には二五〇億ユーロであったと推計している。ところがタックスヘイブンの売上高は全体の一二パーセントしかなく、従業員数に至っては、たったの七パーセントである。ここから、これらの銀行がタックスヘイブンで巨額の利益をえていると彼らは主張するのだ。

二〇一五年には、EUのトップ二〇の銀行は、タックスヘイブンの地として有名なルクセンブルクで四九億ユーロの利益を出した。それはイギリス、スウェーデン、ドイツからの利益を合わせたよりも多いのである。

同じく二〇一五年に、ヨーロッパで五番目に大きな銀行であるイギリスのバークレー銀行が、ルクセンブルクで五億五七〇〇万ユーロを登録しているが、税金として支払ったのは、一〇〇万ユーロにすぎない。税率は、わずか〇・二パーセントでしかない。

また銀行は、タックスヘイブンでえた利益に対して、まったく税金を支払う必要がないこともある。ヨーロッパの銀行は、二〇一五年にタックスヘイブンで生み出された三億八三〇〇万ユーロの利益に対し、税金はまったく支払わなかった。

不思議なことに、多数の銀行は、本国では巨額の損失を出していた。たとえば、二〇一五年、ドイツ銀行はドイツで損失を出していたが、タックスヘイブンでは一八億九七〇〇万ユーロの利益を計上していたのである。

しかも、ヨーロッパの銀行全体の利益のうち、少なくとも六億二八〇〇万ユーロが、誰一人社員が雇われていない地域で生み出されている。これは、じつに奇妙なことだとしかいいようがない。ヨーロッパの主要銀行は、タックスヘイブンを利用して巨額の利益をえていると推測するのが理にかなっている。

EUのトップ二〇の銀行は、世界各地のタックスヘイブンと結びついて、利益を獲得している。カリブ海や香港、シンガポールなどの旧イギリス領がタックスヘイブンになっていることから、やはり大英帝国が、現在のタックスヘイブンの形成に寄与したとわかる。

EUの銀行は、EUで稼いだ利益を、税金がまったくないか、あってもごくわずかである国に移転させていると思われる。タックスヘイブンでの利益率は、不思議なほどに高い。EUにおいて、銀行で働く平均的なフルタイムの労働者が生み出す利益は年間四万五〇〇〇ユーロであったのに対し、タックスヘイブンの労働者は、年間一七一万ユーロである。

EUの銀行のうち、アメリカに子会社がある場合には、その五九パーセントがタックスヘイブンであるデラウェアを居住地としており、そのうち四二パーセントの会社が同じ住所、つまり同じ建物に住所があることになり、その数は二八万社にのぼる。これはどう見ても、銀行の租税回避行動としかいいようがない。

インターネットが発展した現在、送金はそれ以前と比較して、はるかに容易になった。そこでEUの銀行は、法人税が高い国での売り上げを税率が低いタックスヘイブンに送金したと考えるのが妥当であろう。

増大する無形資産への投資

企業がもつ資産のあり方は、二一世紀になって非常に激しく変わりつつある。それまで経済を牽引してきた製造業は、従業員も多く、大工場があり、資産といえば有形資産がほとんどであった。

だがITが発展すると、知的財産の重要性が著しく増加し、無形資産が有形資産よりも重要な地位を占めるようになっていった。無形資産とは、物的な実態の存在しない資産のことで、具体的には、特許や商標権や著作権などといった知的資産、従業員のもつ技術や能力などの人的資産、企業文化や経営管理プロセスなどといったインフラストラクチャー資産を指す。

有形資産と比較して、無形資産をどのように把握するのかは難しい。また、そこにかなりの恣意性が入る可能性は否定できない。IT産業は無形資産を大きく増やすことによって株価を上げ、時価総額を増やした。ヨーロッパとアメリカでは、リーマンショックの頃に、無形資産への投資が有形資産への投資を上回るようになった。

それに対し日本のトヨタの会計では、無形資産はあまり重視していない。さまざまな技術や経営上のノウハウをもつトヨタであるので、資産総額はとてつもなく大きくなる可能性がある。しかし、彼らはIT産業のように積極的に無形資産を資産として計上しようとはしていないのだ。

無形資産への投資が増大した説明として考えられるのは、企業が生み出すモノのバランスが変わったということである。先進国においては、ドイツや日本のような巨大製造業部門をもつ国でさえ、サービス業が主要産業になっている。

サービス業は、一九九〇年代後半には有形資産への投資が多かったが、それが逆転した。グローバリゼーションが進むと、先進国は比較優位をもつ分野にさらに専門特化しなければならなかった。製造業においても、より高度な、あるいは複雑な技術への投資がおこなわれた。

無形資産への投資は、先進国の方が、対GDP比で見ると高い。一九九八〜二〇一一年においては、アメリカでは一人当たりGDPの一パーセントであったが、中国では〇・一パーセントにすぎなかった。マイクロソフトの資産状況については、次の発言が引用に値する。

マイクロソフト社の資産を計上する［二〇〇六年度の］バランスシートを見たら、総資産は七〇〇億ドルほどで、うち六〇〇億ドルは現預金や金融資産だ。工場や設備といった伝統的な資産はたった三〇億ドル、マイクロソフト社の資産の四％という微々たるもので、時価総額の一％にすぎない。つまり伝統的な資産会計によると、マイクロソフト社は現代の奇跡だ。これは資本なき資本主義なのだ。（ジョナサン・ハスケル、スティアン・ウェストレイク著、山形浩生訳『無形資産が経済を支配する――資本のない資本主義の正体』東洋経済新報社、二〇二〇年）。

無形資産が増えることに対しては、森信茂樹氏が次のように警鐘を鳴らす。企業が生み出す価値のなかで無形資産の重要性が高まると、それを低税率国やタックスヘイブンに移転させることで、租税を回避することが容易になっていったという。無形資産は有形資産と異なり、契約一つで容易に国境を越えて子会社などに移転させることが可能である。後述するＧＡＦＡＭ（Google、Apple、Facebook、Amazon、Microsoft）は、自ら集めたビッグデータをもとに、無形資産が多い企業をビジネスモデルの中核に据えようとしているのである。

無形資産に税金をかける方法については、これまでも先進諸国で議論の対象となってきた。デジタル経済は無形資産に大きく依存し、一国に物理的な拠点を設けず、事業規模を拡大することができる。とすれば、従来のような国家単位での税金のかけ方では税を徴収することは難しくなる。しかもタックスヘイブンを利用し、租税をできるかぎり回避することも可能である。ＯＥＣＤ（経済協力開発機構）とＧ20では、それに対抗するため、新たな課税方法を模索しているところであるが、まだ有効な手立ては打てていないといってよい。

私の考えでは、これまでの企業が無形資産を重要な資産だと認識してこなかったわけではない。だが、それを明確に資産化しなかっただけである。無形資産の明確化は、株価の著しい高騰をもたらし、現代の経済を歪めたものにしているのかもしれない。

租税回避とＧＡＦＡＭの問題点

二〇二一年六月五日にロンドンで開催されたＧ７財務相会合で、各国が法人税の最低税率一五パーセントを目指す「租税協定」に合意した。タックスヘイブンを利用して過度の税負担軽減を享受する、多国籍企業への課税強化が目的であった。実現すれば、GAFAMなどのIT企業を中心とする、多国籍企業に深刻な影響を与える可能性が高いのである。

実際、きわめて大きな問題であるが、多くの多国籍企業は、ルクセンブルクやアイルランドなど、法人税率の低い国に根拠地をおくことで、法人税を合法的かつ大幅に削減しているのである。

フォーチュン五〇〇企業（世界でもっとも収益性の高い企業）のうち、AmazonやIBMを含む九一社が米国連邦法人所得税をまったく支払っておらず、五六社の税率は、法定法人税率の二一パーセントよりはるかに低い〇～五パーセント（平均二・二パーセント）であった。大企業が、これほどの税逃れをしているのである。

GAFAMに代表される巨大IT企業は、ユニークなビジネスモデルを展開することで世界経済を席巻する一方、その巨額の利益を税率の低い国やタックスヘイブンに留保し、利益を上げている消費者のいる国には十分な税負担をしていないと指摘されてきた。OECDの試算によると、世界の法人税収の四～一〇パーセントに相当する一〇〇〇億～二四〇〇億ドルにも上る税負担が回避されているという。

巨大IT企業が、製造業よりも、税率が低いのである。すなわち巨大IT企業は、租税回避に成功しているのである。森信氏によると、二〇一七年のAppleの実効税率は、グローバルベースで二四・六パーセント、海外収益に関するものは二一パーセントであり、アメリカの法定税率三五パーセント（当時は連邦）、実効税率四〇・七五パーセントと比較すると、かなり低いのである。

製造業と比較すると、IT企業の実効税率は低く、IT企業によって経済が成長したとしても、税収はそれほど増えないかもしれないのだ。

おわりに――ITは現代の中間商人

大英帝国は金融の帝国であり、帝国内だけではなく、世界の隅々にまでその影響はおよんでいた。そのための最大の武器になったのは、イギリス製の電信であった。それにより、ヒトとヒトを結ぶ媒介は、人間から機械に変わった。現代になると、インターネットがヒトを結びつけるようになり、インターネットによる決済が増えた。インターネットが、いわば中間商人となったのだ。それは、一九七〇年代に低下していたアメリカの経済力を復活させることにつながった。

インターネットの発達は、資本の動きを急速にスピードアップさせた。それに加えて、資本が簡単に移動できるようになり、大英帝国の遺産とインターネットが重なり合い、タックスヘイブンを生み出す要因となった。むろん、イギリスに関係しない地域にもタックスヘイブンはある。

けれども、OECD租税委員会の調査によれば、世界のタックスヘイブンリストの三五地域のうち、二二がイギリスに関係していたことからも、大英帝国がタックスヘイブンのかなりの部分を生み出したといって間違いではない。しかも、国王が海外にもつ王室属領とインターネットとが巧みに連動し、少なくともイギリスと関連するタックスヘイブンのシステムが機能しているのである。

IT産業は無形資産が非常に多い産業であり、これまでの製造業とはこの点で大きく異なる。しかも、製造業ほどには実効税率は高くなく、また製造業以上にタックスヘイブンを利用しているので、各国の税収はあまり増えないかもしれない。そうすると、一般の人々の税負担が増えることが懸念される。

それは、インターネット社会の負の側面でもある。電信からインターネットへと決済手段の一部が変化し、ヒトとヒトをつなぐインビジブルな媒介としてのインターネットが、今後ますます発展していくであろう。だがそのようなネット社会は、タックスヘイブンと結びつき、貧富の差を拡大しているのである。

しかも、キャッシュレス社会が進展し、クレジットカードやモバイル決済の普及で、わわれわれは知らぬ間にコミッションを支払わされている。現代社会は、いわば「中抜き」が公然とおこなわれるようになった社会である。イギリスが形成したコミッション・キャピタリズムは、そこまで進化したのだ。今や、ＩＴが中間商人の役割を果たし、所得や富の格差を拡大しているのだ。

われわれはそのことに、もっと注目すべきであろう。

終章──分離するヒト・モノとカネ・情報の動き

本書の内容を一言でまとめるなら、「グローバリゼーションの歴史」となるかもしれない。私は、人類最初のグローバリゼーションとは、出アフリカによりヒトが世界中に散らばったことを指すと考えている。したがって本書のグローバリゼーションとは、それ以降、人類がまた世界各地で取引をするようになったことを指すのである。

本書の主役は商人である。より正確には、ヒトとヒトを結ぶ中間商人である。はるか昔にはメソポタミア文明（そののちにはエジプト文明を加えたオリエント文明）とインダス文明を結ぶ中間商人がいた（第一章）。そしてフェニキア人は地中海航路を開拓し、この海での商業行為に従事した中間商人であった（第二章）。われわれは、フェニキア人の世界史上の貢献を、決して軽んじてはならない。またパルティア人は、ローマと戦ったばかりか、シルクロードが形成された頃の中間商人であった（第三章）。

七世紀に誕生したイスラーム商人は、ユーラシア世界のさまざまな地域に進出し、大航海時代がはじまるまでは、世界最大の中間商人であった（第四章）。

ソグド人は、唐代の中国と地中海世界を結び、シルクロードで活躍した中間商人であっただけではなく、唐の建国を助け、官僚としても活躍した。中間商人は、その広範な知識を生かして、取引相手国で高位に昇進することができた（第五章）。

第六章では地中海を、第七章では北海・バルト海を中心とした市場統合に対する中間商人の貢献を明らかにしている。地中海は、イタリア人のほか、セファルディム、アルメニア人による異文化間交易の一部を構成した。ポルトガル商人が東アジアでも交易をし、東南アジアからは香辛料を輸入することで、イタリア人の地位を低下させることになった。

北海・バルト海では、当初はヴァイキング、ついでハンザ同盟の商人、さらにはオランダ商人により、一つの統合された市場を形成した。オランダにとって、バルト海貿易は「母なる貿易」と呼ばれ、ヨーロッパ経済の覇権を握ったオランダの経済的根幹をなした。バルト海貿易による利益を獲得したオランダは、さらに、北海・バルト海にとどまらず、ヨーロッパ世界最大の中間商人となった。

第八章では、大航海時代の初期に活躍した中間商人のポルトガルとスペインに焦点を当てた。彼らの活動により、中間商人のビジネスはまさに世界規模のものになった。彼らは、自国をはるかに離れた地域で、中間商人として活動したのだ。

第九章では、イギリスのコミッション・キャピタリズムについて論じた。イギリスはたしかに世界で最初に産業革命を起こし、世界最初の工業国家となったが、一九世紀末から二〇世紀初頭にかけてのイギリスは、なかでも電信によって支えられたコミッション・キャピタリズムの国となることで、世界の覇権国家となった。

第一〇章においては、日本の経済成長にとって、領事制度と総合商社がどれほど重要だったのかを述べた。どちらも、海外に進出したい企業に必要な事業情報を提供した。総合商社においては、それればかりか、事業投資をすることで、新たなビジネスチャンスを獲得した。総合商社の役割は大きく変わったが、その基調にあったのは、海外との密接な関係にもとづく良質な事業情報であった。

最後の第一一章では、タックスヘイブンとイギリス王室、IT企業の関係が述べられる。タックスヘイブンの少なからぬ地域は、金融帝国であった大英帝国の遺産であった。タックスヘイブンのなかには、イギリス王室の王室属領というグレーな立場を利用して、活動する国もある。そしてIT産業が製造業以上に実効税率が低い一つの理由は、タックスヘイブンを利用しているからかもしれない。タックスヘイブンを利用して、本来あるべき税金を支払わない企業がいて、その分だけ一般の人々が税金を支払わなければならない。それは、大英帝国の負の遺産ともいえるのである。

本書では、メソポタミア文明から現代に至る歴史を、中間商人を中心に描いてきた。中間商人とは、非常に長期間にわたりヒトであったのが、現在では、少なくとも一部はインターネットに替わっている（もちろん、完全にそうだというわけではない）。それは、イギリスで電信決済が発展したときから続いているメカニズムである。ヒトとモノの動きと、カネと情報の動きは分離した。

インターネット社会においては、われわれはAmazonで商品を購入するたびにコミッションをとられる。キャッシュレス社会になればなるほど、われわれはあまり気にすることがないまま、コミッションをとられている。そして、コミッションレートがどの程度のものか、ほとんど意識しない。

それが、ＩＴが中間商人となった時代の特徴であり、彼らのえるコミッションの総額は高く、明確にはわからないにせよ、それはタックスヘイブンと結びついている。

これが現代社会の実相である。現代社会においては、ＩＴという中間商人のせいで、われわれの所得と富の格差はますます大きくなっているのである。

あとがき

著名なオランダの歴史家ヨハン・ホイジンガは、代表作である『中世の秋』（中公文庫）で、次のように述べた。

世界がまだ若く、五世紀ほどもまえのころには、人生の出来事は、いまよりももっとくっきりとしたかたちをみせていた。悲しみと喜びのあいだの、幸と不幸のあいだのへだたりは、わたしたちの場合よりも大きかったようだ。すべて、ひとの体験には、喜び悲しむ子供の心にいまなおうかがえる、あの直接性、絶対性が、まだ失われてはいなかった。

本書の第八章までは、世界史がこのような状態であったとみなせる時代を書いた。メソポタミアに人々が定住し、大航海時代に至る時代は、人々はまだ世界がどのようなものであるかわかってはいなかった。そういう時代に、ヒトとヒトを結んだ中間商人は、まさにグローバリゼーションの担い手であり、彼らがどのようにして世界をつないだかを述べた。

世界には、まだまだ未知の地域が多かった。子どものような探究心で未知の土地に行った人々は、さっそくその地の人たちと交易をするようになった。そこには幸も不幸もたくさんあった。そのようにしてどんどん世界が拡大していき、ヒトとヒトをつなぐ中間商人の役割は、非常に大きかったばかりか、現在もそれは変わらないのである。

冒頭で引用したホイジンガは、一四～一五世紀をルネサンスではなく、中世の終わりとしてとらえた。本書は、いわばホイジンガと似た立場をとっている。それは、現代が世界で未知の土地がなくなり、拡大を基調とした時代の終わりだということを意味する。だが、現代がルネサンスだという立場をとるなら、新たなシステムが形成されていることになる。COVID－19の影響もあり、われわれは移動しなくても、Zoomなどで直接会うことができることになった。人間が移動しなくても、かなり密接な交流が可能になってきた。現在、移動をともなわないグローバリゼーションの時代に突入しつつあり、これまでとは異なる時代の誕生に遭遇しているのだ。われわれは、二つの時代を生きているのである。

本書の執筆には、前著（『迫害された移民の経済史』）と同様、編集部の渡辺史絵さんに大変お世話になった。記して感謝の意を表したい。

二〇二三年六月　大阪・中之島にて

玉木俊明

主要参考文献

※新書ということを考慮して、邦文文献にとどめた。

青柳正規『人類文明の黎明と暮れ方』（興亡の世界史）講談社学術文庫、二〇一八年
青山和夫『マヤ文明――密林に栄えた石器文化』岩波新書、二〇一二年
阿部拓児『アケメネス朝ペルシア――史上初の世界帝国』中公新書、二〇二一年
安倍雅史『謎の海洋王国ディルムン――メソポタミア文明を支えた交易国家の勃興と崩壊』中公選書、二〇二二年
荒川正晴「唐帝國とソグド人の交易活動」『東洋史研究』五六巻三号、一九九七年
荒川正晴「ソグド人の移住聚落と東方交易活動」『岩波講座世界歴史15：商人と市場――ネットワークの中の国家』岩波書店、一九九九年
荒川正晴「唐代の交通と商人の交易活動」『古代東アジアの道路と交通』勉誠出版、二〇一一年
荒川正晴「ソグド人の交易活動と香料の流通」『専修大学社会知性開発研究センター古代東ユーラシア研究センター年報』第五号、二〇一九年
井上文則『シルクロードとローマ帝国の興亡』文春新書、二〇二一年
石見清裕「唐とテュルク人・ソグド人――民族の移動・移住より見た東アジア史」『専修大学社会知性開発研究センター東アジア世界史研究センター年報』1、二〇〇八年
上杉彰紀『インダス文明――文明社会のダイナミズムを探る』雄山閣、二〇二二年

応地利明『トンブクトゥ——交界都市の歴史と現在』臨川書店、二〇一六年
大月康弘「中世ローマ帝国の社会経済システム——再分配国家と市場の役割」『経済研究所年報』31号、二〇一八年
大森一宏・木山実・大島久幸『総合商社の歴史』関西学院大学出版会、二〇一一年
岡田明子・小林登志子『シュメル神話の世界——粘土板に刻まれた最古のロマン』中公新書、二〇〇八年
川北稔『工業化の歴史的前提——帝国とジェントルマン』岩波書店、一九八三年
氣賀澤保規『絢爛たる世界帝国　隋唐時代』（中国の歴史6）講談社学術文庫、二〇二〇年
熊野聰『ヴァイキングの歴史——実力と友情の社会』創元世界史ライブラリー、二〇一七年
栗田伸子・佐藤育子『通商国家カルタゴ』（興亡の世界史）講談社学術文庫、二〇一六年
小泉龍人『都市の起源——古代の先進地域＝西アジアを掘る』講談社選書メチエ、二〇一六年
合田寛著『これでわかるタックスヘイブン——巨大企業・富裕者の〈税逃れ〉をやめさせろ！』合同出版、二〇一六年
小杉泰『イスラーム帝国のジハード』（興亡の世界史）講談社学術文庫、二〇一六年
後藤健『メソポタミアとインダスのあいだ——知られざる海洋の古代文明』筑摩選書、二〇一五年
小林登志子『シュメル——人類最古の文明』中公新書、二〇〇五年
小林敬幸『ふしぎな総合商社』講談社＋α新書、二〇一七年
佐藤洋一郎『食の人類史——ユーラシアの狩猟・採集、農耕、遊牧』中公新書、二〇一六年
猿島弘士『総合商社とはなにか——最強のビジネス創造企業』平凡社新書、二〇二二年

志賀櫻『タックス・ヘイブン──逃げていく税金』岩波新書、二〇一三年
斯波照雄・玉木俊明編著『北海・バルト海の商業世界』悠書館、二〇一五年
杉山正明『遊牧民から見た世界史 増補版』日経ビジネス人文庫、二〇一一年
杉山正明『大モンゴルの世界──陸と海の巨大帝国』角川ソフィア文庫、二〇一四年
高橋理『ハンザ「同盟」の歴史──中世ヨーロッパの都市と商業』創元社、二〇一三年
田中隆之『総合商社の研究──その源流、成立、展開』東洋経済新報社、二〇一二年
田中隆之『総合商社──その「強さ」と、日本企業の「次」を探る』祥伝社新書、二〇一七年
玉木俊明『北方ヨーロッパの商業と経済──1550─1815年』知泉書館、二〇〇八年
玉木俊明『海洋帝国興隆史──ヨーロッパ・海・近代世界システム』講談社選書メチエ、二〇一四年
玉木俊明『ヨーロッパ覇権史』ちくま新書、二〇一五年
玉木俊明『〈情報〉帝国の興亡──ソフトパワーの五〇〇年史』講談社現代新書、二〇一六年
玉木俊明『拡大するヨーロッパ世界──1415─1914』知泉書館、二〇一八年
玉木俊明『逆転の世界史──覇権争奪の5000年』日本経済新聞出版社、二〇一八年
玉木俊明『金融化の世界史──大衆消費社会からGAFAの時代へ』ちくま新書、二〇二一年
玉木俊明『迫害された移民の経済史──ヨーロッパ覇権、影の主役』河出書房新社、二〇二二年
玉木俊明『手数料と物流の経済全史』東洋経済新報社、二〇二二年
角山榮『「通商国家」日本の情報戦略──領事報告をよむ』吉川弘文館、二〇一八年
中田一郎『ハンムラビ王──法典の制定者』山川出版社、二〇一四年
中田一郎『メソポタミア文明入門』岩波ジュニア新書、二〇〇七年

古松崇志『草原の制覇――大モンゴルまで』(シリーズ中国の歴史3) 岩波新書、二〇二〇年
堀和生編著『東アジア資本主義論II――構造と特質』ミネルヴァ書房、二〇〇八年
前川和也・森若葉「初期メソポタミア史のなかのディルムン、マガン、メルハ」『セム系部族社会の形成』(文部科学省科学研究費補助金「特定領域研究」Newsletter no.11) 二〇〇八年
前田徹『古代オリエント史講義――シュメールの王権のあり方と社会の形成』山川出版社、二〇二〇年
前田弘毅『アッバース1世――海と陸をつないだ「イラン」世界の建設者』山川出版社、二〇二一年
宮本一夫『神話から歴史へ――神話時代 夏王朝』(中国の歴史1) 講談社学術文庫、二〇二〇年
本村凌二『地中海世界とローマ帝国』(興亡の世界史) 講談社学術文庫、二〇一七年
森谷公俊『アレクサンドロスの征服と神話』(興亡の世界史) 講談社学術文庫、二〇一六年
森信茂樹『税で日本はよみがえる――成長力を高める改革』日経BP、二〇一五年
森信茂樹「デジタル経済にどう課税するか、24兆円も負担回避するGAFA」https://www.nippon.com 二〇一九年
森安孝夫『シルクロードと唐帝国』(興亡の世界史) 講談社学術文庫、二〇一六年
森安孝夫『シルクロード世界史』講談社選書メチエ、二〇二〇年
家島彦一『インド洋海域世界の歴史――人の移動と交流のクロス・ロード』ちくま学芸文庫、二〇二一年
山本紀夫『天空の帝国インカ――その謎に挑む』PHP新書、二〇一一年
山本紀夫『高地文明――「もう一つの四大文明」の発見』中公新書、二〇二一年
渡辺信一郎『中華の成立――唐代まで』(シリーズ中国の歴史1) 岩波新書、二〇一九年
渡邉義浩『漢帝国――400年の興亡』中公新書、二〇一九年

ウォーラーステイン、I著、川北稔訳『近代世界システム』(全四巻) 名古屋大学出版会、二〇一三年
カービー、デヴィド/ヒンカネン、メルヤ・リーサ著、玉木俊明・牧野正憲・谷澤毅・根本聡・柏倉知秀訳『ヨーロッパの北の海――北海・バルト海の歴史』刀水書房、二〇一一年
コリー、リンダ著、川北稔監訳『イギリス国民の誕生』名古屋大学出版会、二〇〇〇年
シェルドン、ローズ・マリー著、三津間康幸訳『ローマとパルティア――二大帝国の激突三百年史』白水社、二〇一三年
ストレンジ、スーザン著・小林襄治訳『カジノ資本主義』岩波現代文庫、二〇〇七年
ドゥ・ラ、ヴェシエール、エチエンヌ著、影山悦子訳『ソグド商人の歴史』岩波書店、二〇一九年
トリヴェッラート、フランチェスカ著、和栗珠里・藤内哲也・飯田巳貴訳『異文化間交易とディアスポラ――近世リヴォルノとセファルディム商人』知泉書館、二〇一九年
トリヴェッラート、フランチェスカ著、玉木俊明訳『世界をつくった貿易商人――地中海経済と交易ディアスポラ』ちくま学芸文庫、二〇二二年
ハスケル、ジョナサン/ウェストレイク、スティアン著、山形浩生訳『無形資産が経済を支配する――資本のない資本主義の正体』東洋経済新報社、二〇二〇年
ピケティ、トマ著、山形浩生・守岡桜・森本正史訳『21世紀の資本』みすず書房、二〇一四年
ピレンヌ、アンリ著、佐々木克巳訳『中世都市――社会経済史的試論』講談社学術文庫、二〇一八年
ピレンヌ、アンリ著、増田四郎監修、中村宏・佐々木克巳訳『ヨーロッパ世界の誕生――マホメットとシャルルマーニュ』講談社学術文庫、二〇二〇年
ブリュア、ジョン著、大久保桂子訳『財政＝軍事国家の衝撃――戦争・カネ・イギリス国家 1688

～1783』名古屋大学出版会、二〇〇三年
ポメランツ、ケネス著、川北稔監訳『大分岐――中国、ヨーロッパ、そして近代世界経済の形成』名古屋大学出版会、二〇一五年
マクラフリン、ラウル著、髙橋亮介・赤松秀佑訳「ローマ帝国におけるインド洋交易の位置づけ――古代世界における東方交易の経済的・財政的重要性」『人文学報』第517‐9号、二〇二一年
ラークソ、S・R著・玉木俊明訳『情報の世界史――外国との事業情報の伝達　1815―1875』知泉書館、二〇一四年
世界史の窓　https://www.y-history.net
みんなの商社　https://minshou.net/
地図製作：小野寺美恵

河出新書 065

商人《しょうにん》の世界史《せかいし》

小《ちい》さなビジネス革命《かくめい》が世界《せかい》を変《か》えた

二〇二三年八月二〇日　初版印刷
二〇二三年八月三〇日　初版発行

著者　玉《たま》木《き》俊《とし》明《あき》

発行者　小野寺優
発行所　株式会社河出書房新社
〒一五一-〇〇五一　東京都渋谷区千駄ヶ谷二-三二-二
電話　〇三-三四〇四-一二〇一［営業］／〇三-三四〇四-八六一一［編集］
https://www.kawade.co.jp/

マーク　tupera tupera
装幀　木庭貴信（オクターヴ）
印刷・製本　中央精版印刷株式会社

Printed in Japan　ISBN978-4-309-63168-4

アメリカ

橋爪大三郎
大澤真幸

日本人はアメリカの何たるかをまるで理解していない。二大知性の刺激的な対話によって、アメリカ理解の核心がいま明らかとなる。

001

歴史という教養

片山杜秀

歴史に学べと言うが、先行きの見えない時代の中で、それはどういうことなのか。当代屈指の思想史家が説く、歴史センスのみがき方。

003

京都大とノーベル賞
本庶佑と伝説の研究室

広瀬一隆

ノーベル医学生理学賞に輝いた本庶佑。その背景にある京大医学部の伝統と創造的な研究のリレーを徹底取材。本庶氏へのインタビューも。

007

東大流「元号」でつかむ日本史

山本博文

元号が変わるとき、なにが変わるのか——祈りと政治の交点として時代を映し出す「元号」を基点に、名物教授が日本史を新たに紐解く！

009

イスラム２・０
ＳＮＳが変えた１４００年の宗教観

飯山陽

イスラム法学者よりもＧｏｏｇｌｅ先生！ネット、ＳＮＳは１４００年の宗教観、法解釈を根底から変えた。新時代のイスラム思想とは？

013

河出新書

日本史 自由自在

本郷和人

たった漢字ひと文字のお題から日本史の勘どころへ。東京大学史料編纂所教授が教える、新しい歴史の愉しみ方・第二弾。

015

〈格差〉と〈階級〉の戦後史

橋本健二

格差論の決定版、現代日本論必携の名著を、10年の時を経て、新データも加えながらアップデート。この社会はいかにして生まれたか。

016

共鳴する未来

データ革命で生み出すこれからの世界

宮田裕章

私たちの世界は今、どこへ向かうのか。ビッグデータで変わりゆく「価値」を問い直し「個人」を原点に共に生きる社会を提言する。

020

仏教の誕生

佐々木閑

二千五百年間、苦しむ人々を救い続けてきたユニークな宗教「仏教」はなぜ、生まれたのか？ その本質を教えてくれる連続講義、開講！

023

中国 vs アメリカ

宿命の対決と日本の選択

橋爪大三郎

米中衝突の時代、日本はどうする？ 中国共産党とは？ 香港、台湾は？ ありうる軍事シナリオは？ 重要論点をそもそもから徹底解説。

024

緊張を味方につける脳科学

茂木健一郎

緊張は脳の使い方で、敵にも味方にもなる。ビギナーズ・ラック、火事場の馬鹿力、フローやゾーンなど、脳の潜在能力を解き明かす！

026

日本語の教養100

今野真二

語の意味と形、音韻、表記法、様々な辞書、ことばあそび……1つ1つ読み進めていくうちに日本語の諸要素を網羅的に知ることができる。

027

サバイバルする皮膚
思考する臓器の7億年史

傳田光洋

生物を外界と隔てる最大のインターフェイス・皮膚はいかにして我々を進化させたのか？ 日本の皮膚研究第一人者がスリリングに紐解く！

030

クローズアップ藝大

国谷裕子＋東京藝術大学

東京藝術大学に潜む「芸術家&専門家」に国谷裕子がクローズアップ！ 閉塞した現代を切り拓く最後の鍵＝芸術の無限の可能性に迫る。

031

挑発する少女小説

斎藤美奈子

赤毛のアン、若草物語、小公女……大人になって読む少女小説は新たな発見に満ちている。あの名作にはいったい何が書かれていたか？

033

河出新書